知的生きかた文庫

毎日、こまめに、少しずつ。

ワタナベマキ

三笠書房

はじめに

私の仕事場はキッチンです。家事と仕事、私の一日はキッチンで始まりキッチンで終わる。気がつくと一日中そこにいるということも少なくありません。

多くの時間をすごす場所ですから、できるだけ心地よい空間にしたいと思い、使いやすいように道具の場所を入れ替えたり、こまめに掃除をしたり。会社員の方が、「自分のデスクが整っていると、仕事がはかどる」と感じるのと同じように、私にとっては、キッチンが整っていると、仕事も家事も、気持ちがいいくらい順調に進みます。

よく、「段取りよく食事を作るのには、どうしたらいいですか?」「手際よく家事をするには、どうしたらいいですか?」というような質問を受けることがあります。

忙しい毎日の中で、ゆっくり時間をかけて食事を作る、じっくりていねいに掃除をする、というのは、なかなかむずかしいですよね。私も同じです。

料理の仕事をしていて、雑誌や書籍でレシピを発表したり、ときどき暮らしまわりのことで取材を受けたり。そして主婦で小学生の母でもあり、家事や子育てに、忙しい日々を送っています。働くお母さんはみんな一緒だと思いますが、毎日「やらなくてはいけないこと」に、常に追われているような感じです。ほんのちょっと、とどこおってしまうと食事が適当なものになり、ためてしまったばかりに掃除をするのが億劫になっていく。忙しいと、そんなスパイラルに陥りがち。

でも実は、食事作りと家事は、ためる前に「毎日、こまめに、少しずつ」やることで、ぐっと楽になるのです。

夕食の準備のときに、今日のおかずを作るついでに「ストック」と呼ばれる「おかずの素」を仕込んでおく。料理にそれをかけるだけで味が決まる、合わせ調味料を作っておく。気になる場所の掃除は、少しずつでも毎日するようにして、よごれをためないようにしておく。食事の片づけのときに、少しだけ換気扇をふいておく。

ひとつひとつは小さなことですが、ほんの少しだけ先を見て動くようにしてみると、それが積み重なったときには、「あら、あら、あら」と、知らないうちにものごとがスムーズに動いていく感じがします。「やるべきこと」を、ちょっとだけ前倒しにして、こまめに行っていくといったらいいでしょうか。ためない生活にするためには、そんな風にいろんなことがスムーズに流れて、暮らしが循環していくようなイメージを持つことが大事です。

でも、やりすぎは厳禁。欲張ってたくさんやろうとすると長続きしないのです。疲れがたまったら、のんびりお茶でも飲んで、自分を甘やかして。しっかり元気をチャージしたら、また翌日から始めていく。そんな感じで続けていければと思っています。

この本では、私がいろいろ試して、「今のところ、ベストな方法」をみなさんにお伝えしています。でも、自分もまだまだ発展途上。さらに年齢を重ねたり、子どもの成長などによって、やり方もまた、ゆるやかに変化していくと思います。

この本を手に取ってくださったみなさんも、そのままあてはめようと気負わず、ご自分の生活スタイルに合わせて、参考にしていただければ幸いです。ふと目にしたどこかのページに、毎日を心地よくするための小さなヒントが見つかれば、こんなにうれしいことはありません。

ワタナベマキ

毎日、こまめに、少しずつ。
ためないキッチンと暮らし

目次

3章

動きやすいキッチンづくり

4章 掃除とキッチンのあと片づけ

5章

日々をうるおす、小さな楽しみ

料理目次

写真　砂原文
ブックデザイン　縄田智子（L'espace）
制作協力　田中のり子
本文DTP　株式会社　Sun Fuerza

1章

冷蔵・冷凍庫と、基本の食材

「ストック」作りは、晩ごはんしたくのついでに

もう何年も前から、「ストック」を作るのが習慣になっています。ストックというと、「保存食」と考える人もいるかもしれませんが、私のストックは、日持ちさせることを目的にした梅干しなどとは違い、毎日のごはんやお弁当作りにどんどん活用できる、「おかずの素」のようなもの。

このストックを作るようになったのは、かつてしていたケータリングの仕事の経験から。ときには一度に何十人分もの食事を準備しなくてはいけなかったので、前日や前々日から仕込みを始めます。その中で、「2日後、3日後でもおいしく食べられるようにするには、どうしたらいいんだろう？」と試行錯誤をした結果が、今の生活の「ストック活用術」に生きているのではないかと思います。

素材が新鮮なうちに、塩でもんだり、酢やオイルに漬けたりすることで、おいしさを保ち、うま味を凝縮させておく一方で、余計な味付けはあまりしない。そうし

てあとから和風にも洋風にも応用が効くようにしておきます。この「味付けを最後までしない」というのがポイントで、料理として完成させてしまうと、同じ味を何度も食べなくてはいけないし、最後のほうは「残りもの」っぽさが強くなってしまいます。けれども食べる直前に最後の味付けをするようにすると、仕込んだ素材のおいしさがぐっと生きてくるのです。「おいしくする余地を残しておく」といったらいいでしょうか。

このストックは、「わざわざ作る」というよりは、時間のあるときに、「ついでにやっておく」くらいの感覚で取り入れるのがいいと思います。私はよく、晩ごはんのしたくのついでに作るようにしています。キャベツを半分煮込みに使ったら、もう半分は刻んで塩をまぶし「キャベツの塩漬け」にしておく。きゅうりが半端に残ったら、ピクルスやナムルにしておく……という具合に。

また、魚や肉は、そのままだと買った日がいちばん新鮮で、あとはどんどん味が落ちていく一方ですが、塩や味噌、しょうゆといった調味料で下味をつけた状態にしておくと、味の劣化を防ぐだけでなく、熟成されうま味も増していきます。調理しやすい大きさに切って、調味料に漬け込む程度の、ほんの2～3分の手間ですが、おいしさの持ちはぐんと長くなります。

このストックがあるから、ごはんのしたくがちょっとラクになって気分がいい。だからその余力で、翌日、翌々日のためにストックを仕込んでおく……そんな循環ができたら、理想です。

よく「ストックをがんばって作ろう！」と思う人がしがちなのが、一気に5種類くらい作ってしまうこと。「作った！」という達成感はうれしいものですが、たくさんの量を作りすぎると、結局最後まで使い切れなくて、冷蔵庫の埋蔵品になってしまう可能性がありますし、同じストックを使った食事が続くと、味にも飽きてしまいます。もともとごはんのしたくをラクにするために作ったストックなのに、「あのストックを使い切らなきゃ」という、心の負担になってしまったら逆効果です。

まずは1種類作ってみて、それを上手に使いまわす。次は別のストックをもう1種類作ってみる。そんな風に、1～2種類をゆっくりまわしていくことが、自分もラクになり、長続きする方法だと思います。

◎キャベツの塩漬け

材料（作りやすい分量）　キャベツ½個　塩小さじ1　酢小さじ½

作り方

①キャベツは水で洗い、よく水気をふきます。太めのざく切りにして、ボウルに入れます。

②①に塩をまぶし、軽く手でもみ、保存容器に入れます。酢をまわし入れてでき上がり。

◆冷蔵庫で約1週間保存可能。スープに入れたり、きのこや肉を加えてさっと煮ものにしたり。せん切りみょうがとの酢のものや、卵焼きと合わせてサンドイッチなどもおすすめです。

◎切り干し大根の酢じょうゆ漬け

材料(作りやすい分量)　切り干し大根40g　A(米酢50㎖　てんさい糖大さじ1　出汁150㎖　しょうゆ大さじ1　塩小さじ¼)

作り方

①切り干し大根は流水でもみ洗いし、たっぷりの水に約8分つけて戻し、水気をきつくしぼります。

②Aを小鍋に入れて中火にかけ、ひと煮立ちさせます。

③保存容器に①を入れ、熱いうちに②を注ぎます。

◆粗熱が取れたら冷蔵庫に入れ、約1週間保存可能。ナンプラーとレモン汁でエスニック風の味付けでマリネにしたり、細かく切ってトマトとあえたり、豚かたまり肉と一緒に煮てもおいしい。

◎豚ロース肉のしょうがじょうゆ漬け

材料(作りやすい分量)　豚ロース肉(しょうが焼き用)10枚　A(すりおろししょうが1片分　酒大さじ2　みりん大さじ1　しょうゆ大さじ1)

作り方

①豚ロース肉に合わせたAをふりかけ、軽くもみ込み、保存容器に入れます。

◆冷蔵庫で約4日間保存可能。そのまましょうが焼きにするのはもちろん、薄切りにしたれんこんの上に載せて蒸したり、きのこと一緒にホイル焼きに。

わが家の冷蔵庫には、だいたいいつもこのくらいの量のストックが入っています。
あとは焼く、混ぜるなどの仕上げだけなので、食事の準備がうんとラクに。

凍らせてもおいしい「冷凍ストック」のおかず

「食べものを冷凍すると、味が落ちる」。以前は私も、そんなイメージを持っていました。けれど雑誌の仕事でいろいろと試作を重ねる機会があり、冷凍に向く素材を使えば、やり方次第で、すごく便利だということが分かりました。以来家庭でも、「冷凍ストック」を定期的に仕込むようになりました。

冷凍ストックのメインは、肉や魚などのたんぱく質。これらの素材にきちんと下味をつけてから凍らせると、味も劣化せず、2か月程度なら冷凍焼け（水分が抜けて乾燥してしまい、解凍してもパサパサになって味が落ちてしまうこと）もせず、保存することができるのです。

たとえば鶏肉を、しょうゆ・酒・みりんでもみ込んで、保存袋に入れて冷凍しておきます。そのストックは、ごぼうやれんこんと一緒に煮ものにしたり、片栗粉をまぶして唐揚げにしたり、ソテーして照り焼きチキンのどんぶりにしたり……といった応用ができます。下味をつけてあるので、直前の調理は最短ですみますし、生のまま冷凍しておくよりも、ぐんとおいしく鶏肉を食べ切ることができます。

副菜的なものでは、玉ねぎを薄切りにして塩とオリーブオイルをまぶした「玉ねぎマリネ」（切ったゆでだことあえたり、肉や魚料理の付け合わせにしたり）、さっとゆでたきのこに塩をまぶした「きのこの塩漬け」（オムレツの具や、うどんやそばのトッピングに）、じゃがいもをゆでてつぶして塩を混ぜた「じゃがいもマッシュ」（生クリームと混ぜてグラタンにしたり、丸めてコロッケにしたり）といったものも、冷凍して保存することができます。

冷凍ストックは「そのまま電子レンジでチンして食べる」といった、市販の冷凍食品のような食べ方はせず、冷蔵ストックと同じく、焼く、蒸す、揚げるなどのフィニッシュは、食べる当日にするのが、おいしくいただけるコツです。肉を多めに買ったら、晩ごはんのしたくのついでに半分冷凍。そんな風に始めてみてほしいと思います。冷蔵庫に冷蔵ストックを1～2品、冷凍庫に冷凍ストックを2～3品。それらがあるだけで、ごはん作りはぐっとラクになるはずです。

◎鶏もも肉のヨーグルト漬け

材料（作りやすい分量）　鶏もも肉500g　A（ヨーグルト［無糖］½カップ　塩小さじ1　酒大さじ1　オリーブオイル大さじ½）

作り方

①鶏もも肉は食べやすい大きさに切ります。

②ボウルに①、Aを入れ、よくもみ込みます。保存袋に入れ、冷凍保存します。

◆冷凍庫で約2か月保存可能。まわりに片栗粉をまぶして揚げれば唐揚げに、豆類と一緒に煮込みにしてもおいしい。ヨーグルトをまぶすことで、鶏肉がとてもやわらかくなります。

◎鮭のレモンマリネ

材料（作りやすい分量）　生鮭4切れ　玉ねぎ½個　A（レモン［薄切り］2枚　レモン汁大さじ1　白ワイン50㎖　塩小さじ1）　オリーブオイル大さじ1

作り方

①鮭は3等分に、玉ねぎは薄切りにします。

②保存袋に①、Aを入れ、軽く混ぜます。オリーブオイルを加えて全体になじませ、冷凍保存します。

◆冷凍庫で約1か月保存可能。衣を付けてフライにしたり、バターでソテーしたり、きのこと一緒にホイル焼きにしても。レモンを入れてマリネすることで、くさみがなくなっておいしく保存ができます。

左下の、縦に立てて並べているのが冷凍ストック。
「無印良品」のケースには肉や魚などの素材を入れて。

冷凍ストックは保存袋の空気をきちんと抜き、平らになるように並べて保存を。袋に冷凍した日を書いておくのもおすすめです。

食材を新鮮なうちに使いきる、冷蔵庫収納のルール

仕事で使う食材と、家族3人の家ごはん用の食材。それらすべてを収めるために、冷蔵庫はとにかく収納力が重要で、数年前から「GE（ゼネラル・エレクトリック）」のものを使っています。余計な機能はなく、冷蔵室と冷凍室だけ。アメリカ製ならではの質実剛健なデザインで、中に入れたものが一目瞭然なところが気に入っています。奥行きが深く、正直いうと、中のものが少し取り出しにくいところもありますが、細かなものを奥に置かないようにしたり、「無印良品」のポリプロピレン製のトレーを引き出し代わりにしたりして、工夫しながら使っています。

冷蔵庫の使い方で、何よりも重要なことは、中に入れたものをきちんと循環させていくことです。入れっぱなし、冷蔵・冷凍しっぱなしは禁物。食材を買いすぎないように、常に在庫を把握すること。そのためには「ものの置き場所をきちんと決

める」「中に食材を詰めすぎない」といったことが、ポイントになると思います。

私は週に1回、食材の宅配を頼んでいますから、それが届く前日の月曜日が、冷蔵庫の整理をする機会になっています。残りもの野菜でスープを作ったり、ピクルスを仕込んだり。ある程度スペースを空けて、新しい素材を入れる場所を確保します。うちの冷蔵庫は野菜室がふたつあり、左側が古い野菜、右側が新しい野菜と区分けしていますが、残った野菜をすべて左側に移動しておきます。

届いた野菜や買ってきた野菜はたいていポリ袋に入っていますが、最初に封を開けたときに、残りの野菜は保存用袋に入れ替えを。酸化や乾燥を避け、味の劣化を防ぐためと、袋のサイズが揃うので、取り出しやすくなるという利点があります。

葉野菜は新聞紙にくるみ、根元を下にして、冷蔵庫の扉ポケットに。野菜が育っていたときと近い状態にしておくと、持ちがよくなるからです。根菜は土付きならそのままで、大葉はアルミホイルに包んでおくなど、素材によってコツがあります。

冷蔵庫は、素材の一時保管場所。いっときそこに滞在させておくけれど、必ず旅立ちをさせてあげる（行き先は、もちろん家族の胃袋です）。そんなことを意識して使うといいと思います。

わが家の冷蔵庫、上から1段目は背の低い瓶詰め類をケースに入れて取り出しやすく。2段目左がストック。その下はパーシャル室で、肉や魚が入っています。

余り野菜を入れておく
「タッパーウェア」。

扉側には、野菜を立て
かけて入れることも。

野菜室。左が古いもの、
右が新しいもの。

出汁取りは「おいしい」をつくる習慣

「出汁を取るのは面倒」と思う方が多いようです。けれど、実際にやってみると分かりますが、取るのにかかる時間はほんの10分程度。「昆布出汁」に至っては、昆布を入れた容器に水を注ぎ、冷蔵庫でひと晩置くだけ。時間にすれば、たった数秒の手間です。つまり、出汁を取るか取らないかは、習慣にするかしないかの、ほんのちょっとの意識の差。慣れてしまえば、本当に、どうってことのない作業です。

一度自分で取った出汁のおいしさに舌が慣れてしまうと、きっとインスタントには戻れなくなると思います。「面倒」より「おいしい」を優先させるために、ぜひ出汁取り作業を、身体になじませてしまいましょう。

和食には基本的に「かつお昆布出汁」の「一番出汁」を使い、補助的な役割で「二番出汁」や昆布出汁を使っています。野菜のお味噌汁やお吸いもの、おひたしなどにはやっぱり一番出汁。二番出汁や昆布出汁は、スープや煮もの、炊き込みごはんやカレーなどに。普通は水を使うようなところにも活用すると、味にぐっと奥行きが生まれます。かつお昆布出汁がないときにお味噌汁を作る場合は、しじみやあさりなど出汁が取れる素材や、油揚げなどボリューム感のある具と組み合わせるのがコツです。

かつお昆布出汁は一度に2日分まとめて取るようにしています。この出汁は、昆布出汁とくらべて劣化が早いので、2日間で使い切ります。もしむずかしいようなら、取ったその日に冷凍しておきましょう。

私はふだん、出汁を冷凍することはないのですが、子どもが離乳食を食べていた時期にはよく、製氷機で凍らせていました。氷2個分が子どもが食べる量にちょうどぴったりで、お米や野菜を煮るのに活用したのです。

もし冷凍して取っておく場合は、付箋やマスキングテープに、出汁を取った日付を書いて貼っておくといいと思います。冷凍するうちに、少しずつ風味が抜けてしまうので、早めに使い切ることを心掛けるようにしましょう。

昆布出汁は水につけてから2日目に昆布を取り出して、5日以内に使い切るといいと思います。

かつおぶしや昆布はここのものをと、特に決めてはいません。今は好んで、薩摩の荒節《あらぶし》と、利尻昆布を使っています。昆布は、ふだん家庭で活用するぶんには、料亭で使うような肉厚で立派なものでなくても、出汁昆布などで十分だと思います。ただしかつおぶしは、削ったそばから酸化していくので、なるべく新鮮なものを、早いうちに使い切ることを忘れずに。

ちなみに私は、出汁を取ったあとのかつおぶしと昆布は、保存袋に入れて冷凍庫にためておき、2週間に1回ぐらい、炒めたり煮たりして、常備菜を作っています（82ページ参照）。これがあると、お弁当や毎日のごはんに結構重宝するのです。使うたびに軽く水気を切って、どんどん保存袋に入れて冷凍していけば大丈夫。ぜひ試してみてくださいね。

● かつお昆布出汁

材料(作りやすい分量)　昆布5×10㎝のもの1枚　かつおぶし20g　水1ℓ＋熱湯500㎖

作り方

①鍋に水と昆布を入れて中火にかけます。沸騰する直前、昆布の端から小さな泡が出てきたら、昆布を取り出します。

②弱火にし、かつおぶしを加えなじませます。火を止め、かつおぶしが沈むまで、そのまま置きます。

③さらしを敷いたざるで、②を濾《こ》します(一番出汁)。

④空いた鍋に濾したかつおぶしと昆布を戻し、熱湯を注ぎ、5〜6分置きます。さらしを敷いたざるで、それを濾します(二番出汁)。

● 昆布出汁

材料(作りやすい分量)　昆布5×10㎝のもの1枚　水1ℓ

作り方

①保存容器に昆布と水を入れ、冷蔵庫でひと晩置きます。

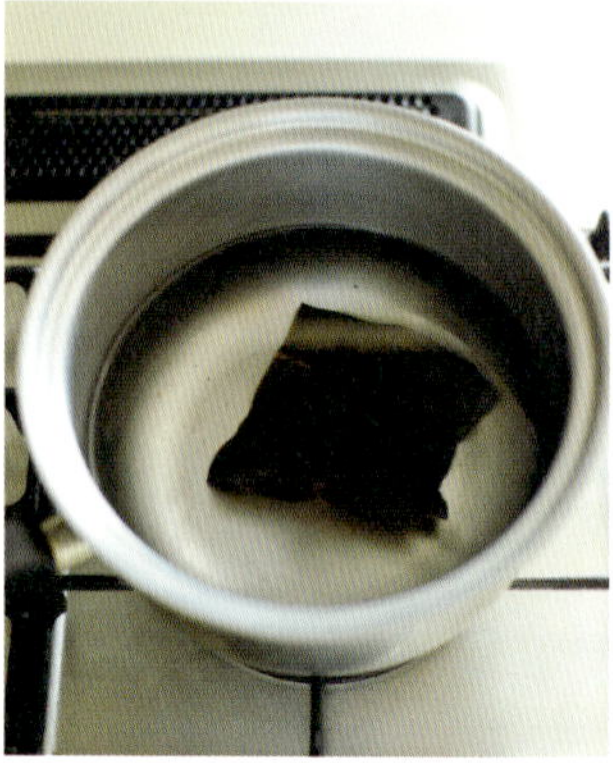

❶昆布がお湯の中で、ゆらゆらと気持ちよさそうにしている状態。煮立たせてはいけません。

❷かつおぶしを長く入れたままにすると雑味が出るので注意。アクが出ていたら、取ること。

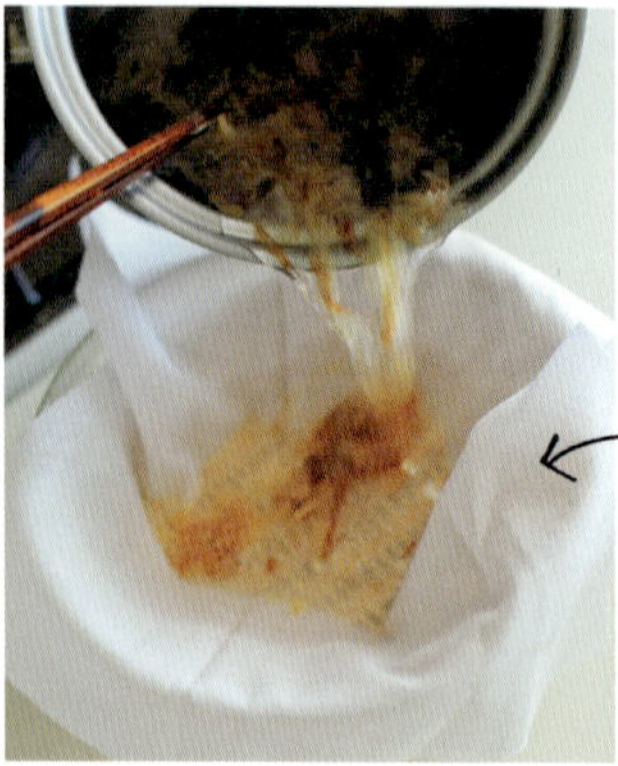

さらしの代わりに
キッチンペーパーでも。

❸私は濾すときは「さらし」を使っています。さらしは一反持っておくと、料理のいろんなシーンで使え、何かと便利。

出汁を取ったあとのかつおぶしと昆布は冷凍保存しておき、佃煮を作ります(→作り方82ページ参照)。

取ったかつお昆布出汁は、冷めたら「タッパーウェア」の「Sライン」に入れて冷蔵庫保存。左は昆布出汁。

昔から愛されているタッパーウェア。

毎日のごはん作りに役立つ「八方だし」(左)と「酢たれ」(右)も、出汁類と同じ容器に入れて保存しておきます。

忙しいときも料理の味が決まる、合わせ調味料

料理を作る時間を短縮するためには、「これさえあれば味が決まる」という、調味料があると便利です。私の場合、それは「八方だし」と「酢たれ」のふたつで、使い切るたびに作り直し、常備していて、「私の味」のベースのひとつになっています。

「八方だし」は昆布・かつおぶし・干ししいたけの出汁が入った、合わせ調味料。いわゆる「麺つゆ」と同じようなものですが、しょうゆの塩気だけでなく、出汁のコクがしっかり効いているので、和風の味付けがピタリと決まります。自分で作ると、市販品とくらべてぐんと香ばしく、うま味もしっかり立ってきます。もちろん余計な添加物もないので、その点も安心。和食にはよく、「しょうゆ大さじ○、みりん大さじ○、日本酒小さじ○……」といった表記が出てきますが、これがあると、いちいち細かな計量をする手間がはぶけるので、私にとっては、大きな時間の

短縮にもなっています。

煮ものはもちろん、おひたし、ごまあえや白あえ、肉・魚料理の味付けなど、とにかく幅広く使えます。コチュジャンやすりごまと混ぜてお刺身のたれとして使ったり、「ゴーヤーと卵のチャンプルー」の味付けにしたり、肉団子やカレー、さつま揚げなどのかくし味として加えたり。料理本のレシピで「しょうゆ」と書かれているところを、八方だしに変えてみると、それだけで味わいにぐっと奥行きが生まれると思います。もちろん水で薄めて、そばやうどんのおつゆとしても使えます。


「酢たれ」は、出汁が効いた合わせ酢です。酢を一度沸騰させて作るので、ツンとした酸味の角が取れ、とてもまろやか。サラダのドレッシングやあえものには大活躍ですし、砂糖を少し加えれば、寿司酢にもなります。

わが家では晩ごはんに必ず一品は、酸味のあるおかずを作るので、この酢たれがあると、本当に重宝します。せん切りにしてさっと炒めた新じゃがいもに、たっぷりのせん切り大葉を加え、ナンプラー少々を加えた酢たれでマリネにしたり、はちみつ少々を加えた酢たれに、ラディッシュやセロリ、スティック状に切った大根などを漬けておけば、即席ピクルスにもなります。

八方だしも、酢たれも、これらを味のベースにして、さらに調味料やスパイス、薬味などを加えることで、新しい味わいが広がります。オリーブオイルを加えて洋風に、ごま油と合わせて中華風に。すりごまや練りごま、ゆずこしょうや和がらし、マスタードなどともよく合うので、いろんな味が楽しめます。

私の場合はこのふたつの調味料ですが、たとえば自家製のポン酢や、自分の好みの味で配合したドレッシングなど、切っただけ、ゆでただけの素材も、あえるだけであっという間に一品料理になる手作りの合わせ調味料は、困ったときの救世主。忙しい人ほど、注目する価値があるものだと思います。

なお、調味料を入れる保存容器や瓶は、必ず清潔なものを。煮沸消毒（大きな鍋に瓶とふた、たっぷりの水を入れ、中火にかけます。沸騰したら、そのまま5分ほど煮沸。トングや菜箸で取り出し、ふきんなどの上で、自然乾燥させます）したものが望ましいですが、時間がないときは、熱湯にくぐらせたり、抗菌・防かび効果のある、アルコールスプレーを吹きかけておくといいと思います。

◎八方だし

材料（作りやすい分量）　しょうゆ500㎖　昆布5×10㎝のもの2枚　かつおぶし50g　干ししいたけ3〜4枚　みりん50㎖　酒100㎖

作り方

①鍋にすべての材料を入れ、ひと晩置きます。弱火にかけ、ひと煮立ちしたら火を止め、そのまま冷まします。

②ざるで①を濾します（八方だしに使った昆布、かつおぶし、干ししいたけは佃煮にしたり、細かく刻んで炊き込みごはんの具にするのがおすすめ）。

◆冷暗所で1〜2か月間保存可能。

◎酢たれ

材料（作りやすい分量）　米酢400㎖　昆布5×10㎝のもの1枚　酒60㎖　みりん50㎖　塩小さじ2

作り方

①鍋にすべての材料を入れ、弱火にかけます。ひと煮立ちしたら火を止め、そのまま冷まします。

②ざるで①を濾します（酢たれに使った昆布は、細かく刻んで白菜や大根などと一緒に漬け物にしたり、2㎝角に切って180℃の油で揚げて、チップスにしたりするとおいしい）。

◆冷蔵庫で約2週間保存可能。

調味料で「わが家の味」は作られる

毎日のごはんで、贅沢をする必要はありませんが、「これだけは、いいものを使ってほしいな」と思うのが、調味料です。「いい」というのは、自然由来の原料を使っているもの、昔ながらの製法を守っているもの、余計な添加物が入っていないもの、という意味。いい調味料を使えば、必要以上に量を入れなくても、しっかりおいしく味付けができ、そこから「わが家の味」が生まれていきます。私が最近気に入っている調味料を、いくつかご紹介します。

しょうゆは島根「井上醤油店」の「古式じょうゆ」。コクがあり、塩気が強すぎず、まろやかな味わいが気に入っていて、6年ほど前から愛用しています。先に記した八方だしもこれで作りますし、日々のごはん作りに活躍しています（ちなみに、「料理の味がいつも同じになってしまう」という人は、たいていしょうゆの量を使いすぎる傾向にあります。そういう方は、一度「しょうゆ断ち」をして、献立を組み立てる訓練をしてみるといいですよ)。そして上質なしょうゆは風味も豊かなので、ほんの少量でも、味が決まります。

日本酒は金沢の「福光屋《ふくみつや》」の「純米料理酒」。一般に売られている料理酒は、塩やアルコールを添加したものがほとんどですが、こちらは余計なものが入っていないのがありがたい。そのまま飲めるほどうま味が強く、和食だけでなく、中華や洋食も味わい深く仕上げてくれます。日本酒は、どんなものでもいいのですが(友人は価格が安いカップ酒を活用しているそうですが、新しいうちに使い切れて、それもとてもいいと思います)、吟醸酒ではなく、必ず純米酒を選びましょう。吟醸酒はアルコール臭が強く、甘味も飛んでいるので、料理向きではありません。なお、洋食に使うワインは、飲み残しや1本数百円で売っているような安いものを利用しています。こちらも料理用ワインではなく、「飲めるワイン」を使うのがポイント。酒類は素材のくさみを消してくれて、味に奥行きを与えてくれる、ありがたい存在です。

酸っぱいもの好きなので、いろんな酢を使っていますが、基本は京都「村山造酢」

の「千鳥酢」です。上品でまろやかな味と香りは素材とのなじみもよく、最近はいろんな店で手に入りやすくなりました。ほかに、「ミツカン」の酒粕酢「三ツ判山吹」（甘味が強く、コクがある味わい。寿司酢や酢のものに）や、岐阜「内堀醸造」の「臨醐山《りんこさん》黒酢」（炒めものや、煮もののかくし味に）、三重「中野商店」の「無添加玄米酢」（あえものに）などを、料理によって使い分けています。

油も、酢以上にさまざまな種類を使っています。炒めものには、伝統的な製法を守り、ごま本来のうま味や香りがしっかり感じられる、三重「九鬼《くき》産業」の「太白純正胡麻油」と「ヤマシチ純正胡麻油」の2種類を。揚げ油には、青森「鹿北《かほく》製油」の「菜の花畑なたね油」。風味が強く、魚のフライなどのくさみを消してくれる効果も。こちらは炒めものに使う場合もあります。コレステロール0％で、サラリとした軽やかな風味のチリ・アンデス産「グレープシードオイル」は、野菜の天ぷらに使ったり、和食のコク出しに。洋食用のオリーブオイルは、加熱する場合はスペインの「カルボネール」、生で使うときはトルコの「アデタペ」やイタリアの「フレスコ・バルディ」などを。

私は仕事の都合上、いろんな種類を買い置きしていますが、油は調味料の中では、いちばん風味の劣化が早いもの。新鮮なうちに使い切るようにしてほしいので、小さいサイズを1～2種類手元に置くような感じで使っていくのがおすすめです。
みりんは愛知「角谷文治郎《すみやぶんじろう》商店」の「三州三河みりん」。そのまま飲んでもおいしいお米のリキュールです。私は料理に砂糖をあまり使わないので、みりんは素材をやわらかくしたり、甘味を加えたりと、非常に重要な役割をしてくれる調味料です。

味噌に関しては、毎年2月ごろ、子どもや友人と一緒に10kgほど「手前味噌」を仕込んでいます。それでも夏ごろにはなくなってしまうので、秋から冬にかけては、実家や夫の母から、譲ってもらったりしています。もともと実家が味噌を仕込む家だったので、自然な流れで作るようになりましたが、手作りのよさは、使っている原材料が明確なこと。残念ながら市販の味噌は、添加物が加わったものがほとんどですから。しょうゆやみりんなどは、さすがに自分では作ることはできないので、せめて味噌だけはと思い、毎年続けています。

栄養価の高い「缶詰」を食卓に取り入れて

とある仕事で、魚の缶詰を使う機会があり、缶詰に対する考えがガラリと変わりました。それまでどちらかというと、缶詰は非常用の保存食、ふだんの食事には、あまり使うべきものではないと考えていました。

けれどきちんとしたメーカーで作られた魚の缶詰は、旬の時季のものを使っているのでおいしいし、栄養価がとても高い。骨もホロホロになっていて丸ごと食べられるのも、カルシウム不足の身体にうれしい。一説には、鬱や認知症にも効果があるといわれているそうです。忙しくて買い物に行けなかったとき、冷蔵庫に肉や魚の買い置きがないとき、活用してみるのはおすすめです。

手にするとき、化学調味料など余計な添加物が入っていないか、どこで獲れた材料を使っているのか、原材料をしっかりチェックすることがポイントです。

旅先でみつけた缶詰。

おすすめの缶詰は「竹中罐詰《かんづめ》」の「天の橋立オイルサーディン」、「ストー缶詰」の「北海産紅鮭中骨水煮」、福井の食材をいろいろと扱う「田村長《たむらちょう》」の缶詰類など。2011年の東日本大震災以来、非常食の意味も兼ねて、常にいくつか家に置いておくようにしています。

さばの缶詰１缶を器に盛り、黒酢小さじ２をまわしかけ、さっと水で洗って水気を切った、ブロッコリースプラウト１パック、貝割れ大根½パック、そばの芽１パックを混ぜたものをのせ、上から白炒りごまをふります。たっぷりの野菜といただきましょう。

②章 もっと献立上手になるヒント

メインの献立は「肉・魚」を交互に

献立の立て方で悩んでいる方が多いようです。料理単品ならまだしも、料理同士の組み合わせを考えるのがムズカシイ。さらには、前日、前々日のおかずとかぶらないようにしないといけないし……、まるで複雑なパズルのよう。しかもそれが、毎日毎日続くのです。そんな理由からでしょうか、「献立は、どんな風に決めていますか?」と、質問されることが少なくありません。

私の場合、献立を決める基準はズバリ「栄養」です。

でもそう考えるようになったのは、子どもを出産した10年前から。その前は、どちらかというと「自分がその日食べたいもの」を気分で作っていたところがあります。けれども私たちの身体は、毎日食べているものからできている……少しずつ大きくなっていく子どもを見ながら、その当たり前でシンプルな事実を、強く意識するようになっていったのです。

うちの息子は小さい頃、食が細かったので、少ない量でどうやって効率よく栄養をとらせるかを悩みましたし、毎日、仕事・家事・育児に追われている自分も、疲れたからと倒れているわけにはいきません。そうかといって、私には栄養学の深い知識があるわけでもないので、続けやすい、簡単なふたつのルールを決めました。

ルールその1、「主菜は、肉と魚を交替で」。メインのおかずは、月曜日が肉だったら、火曜日は魚、水曜日は肉……という風に、肉と魚を交互にしています。バランスの良い食事は、幅広い食材をいただくことが第一歩。そういう意味で肉と魚を一日交替にしておくことをあらかじめ決めておくと、迷わなくてすむのです。

「魚料理はレパートリーが少なくて……」「焼き魚にしたあと、グリルの掃除が面倒！」という声が聞こえてきそうですが、おすすめなのが、お刺身と蒸し料理。

お刺身は、しょうゆだけで食べるのではなくて、ナンプラーやコチュジャンを使ってエスニック風にしてみるとか、オリーブオイルとたっぷりの香味野菜でマリネにしてみるのはいかがでしょう。耐熱皿にねぎなど野菜のざく切りを敷いて白身魚をのせ、白ワインや日本酒をふって酒蒸しというのも、気軽でテクニックいらずのおかずです。調理も短時間ですみますし、魚こそ、「脱・和食」を意識してみると、いろんな可能性が楽しめます。

ルールその2、「きのこと海藻を1日1回」。野菜は三食それぞれ食べていますが、これらの食材はついつい忘れがち。身体にとって大切なビタミンやミネラルを意識してとるために、家族3人で食事をとる朝と晩のどちらかに、これらの食材を組み入れるようにしています。

きのこはすごく出汁が出るので、スープやマリネ、炒めもののコク出しにも活躍しますし、海藻は、ひじき、わかめ、めかぶ、あおさ、もずく、ところてんなど、乾物があるものは常備して、いろんな種類を楽しみます。特に活躍するひじきは、豚肉と一緒に炒めたり、梅干しと煮て常備菜にしたりと、私の食卓の定番的存在。あおさはしじみとお味噌汁にしたり、卵焼きに入れたり。わかめはきゅうりと一緒に炒めものにしたりしています。

私はこのふたつのルールに加えて、「食感をばらけさせる」（やわらかいものだけでなく、ポリポリ、シャキシャキなど、歯ごたえのあるものを組み合わせます。食感のアクセントがあると、食べすすめるのがラクに)、「調理法が重ならないようにする」(煮る・焼く・蒸す・生のままなど、いろんな調理法を取り入れると、自然と味や食感に変化がつくので、食卓に立体感が出ます)、「口直しに、酢を効かせたおかずを入れる」(酸っぱいものがあると口をすっきりさせる効果があるので、食がすすみます)といったことを頭に入れて、毎日の献立を組み立てています。

もちろん、全部いっぺんにやることはむずかしいですが、「キャベツとかぶ、どっちを使おう?」「副菜用のにんじんは生にしようか、炒めようか?」などと、迷ったときに、これらのルールに立ち返ると、判断のポイントになると思います。

メインは「ぶりの照り焼き、ごぼうとしめじ添え」。焼きものにはゆでた豆苗をのせて。青じそをたっぷりのせた「なすとししとうのあえもの」、にんじんと長ねぎを加えた「塩キャベツのスープ」で、一汁二菜に。ストックの「キャベツの塩漬け」を活用し、コクのある主菜、さっぱりした副菜、やさしい汁ものと、味に変化をつけています。

「豚とれんこんの山椒炒め」「切り干し大根とみょうがのあえもの」「冷奴」「しいたけとわかめの味噌汁」の４品。ストックの「豚ロース肉のしょうがじょうゆ漬け」「切り干し大根の酢じょうゆ漬け」を活用しています。歯ごたえのある切り干しに、なめらかな豆腐を組み合わせ、食感にメリハリを。大好きな薬味を効果的に使って。

献立は「3日単位」で——下ごしらえもまとめて3日分

さらに献立の考え方のコツを続けますが、その日1日だけでなく、3日分くらいをまとめて考えるのが効率的です。予定がずれてしまったり、疲れて作れなかった日があっても、3日分なら食材も傷めず、そのあとも何とかまわしていけるし、買い物もそのくらいの単位で考えると、無駄な食材を買うのを防げるからです。

私は「月曜日は鮭、キャベツ、しいたけ、火曜日は豚肉、かぼちゃ、ひじき……」という風に、おおよそ使う食材だけを簡単にメモしておきます。調理法や味付けまでは書きません。やわらかく煮るか、パリッと焼くか、スパイシーな味付けか、やさしい味わいか……。その日の天気や体調によって、食べたいものは変わってくるからです。

3日単位で考える利点は、ちょっとした下準備を意識的にしておけること。たとえば今日の晩ごはんで使う玉ねぎを、みじん切りするついでに、明日のためにスライスしてオイル漬けにしておくとか、煮ものをしている間に2日後に使う鮭を味噌漬けにしておくとか。一度に2〜3日分の下準備が同時にできれば、時間も手間もぐっと短縮できます。

私の場合、家で仕事をしていて、週に1回宅配で食材が届くのと、週に2〜3回の買い物に行けるので、3日という単位がちょうどいいのですが、平日は外にお勤めで、週末に1週間分の食材をまとめ買いする人も多いかと思います。そういう場合は逆に、1週間の献立を紙に書き（3日分なら記憶できる人も、1週間分はむずかしいと思うので）、きっちり決めておいたほうが、食材を無駄にしません。野菜は使う曜日ごとに分けて保存袋に入れておく、傷みやすい青菜類は、さっとゆがいてしょうゆなどに漬けておく、肉や魚は下味をつけて冷蔵・冷凍しておくといった処理を、買ってきた当日にしてしまうのです。

単位が3日にしろ、1週間にしろ、大切なのは、素材を新鮮なうちに、最後まで無駄なく使い切ること。買い物に行く前は、必ず冷蔵庫の在庫を確認して、「残り食材」を使い切る献立を考える習慣をつけておきたいものです。

食べやすくて栄養たっぷりの平日&休日朝ごはん

子どもが小学校に上がったころから、毎朝、野菜ジュースを飲むようになりました。学校へは、毎朝7時半には家を出なくてはいけないのに、うちの息子は食が細く、ごはんを食べる速度ものんびり派。なので、パンとジュース、ちょっとした卵料理くらいでも、栄養がまかなえるように……という苦肉の策でした。小さな子どもは、ちょこちょこ、いろんなおかずを食べるのがむずかしい。だからひとつの料理や飲みものに、たくさんの栄養が入っているほうが、どうやらいいみたいです。

いざ始めてみると、朝の忙しい時間帯に、ほかのおかずをいろいろと作らなくてすむので、労力的には、とてもラクになりました。そのぶん、朝の時間帯に、晩ごはんの仕込みなどを気分よくすますこともできます。

ジュースはりんごとにんじんをベースに、セロリや小松菜、キウイやバナナなど、その時季手に入る野菜やくだものをざく切りして、ミキサーで数秒。たまにオイルを数滴たらすことはありますが、はちみつなどの糖分は基本的に入れず、素材の自然な甘味で楽しむようにしています。この野菜ジュース生活はその後も続き、すっかりわが家の朝ごはんの定番として定着しました。

平日の朝ごはんはそのほかに、「木次《きすき》乳業」の牛乳（夫と私はコーヒー）とヨーグルト。ヨーグルトには、生のフルーツやドライフルーツを2～3種類のせて。「朝ごはんに、牛乳とヨーグルト」は私自身の、子どものころから欠かしたことのない習慣なので、わが家でも自然な流れで続けています。それにパンかおむすび、余裕があるときは小さな蒸籠《せいろ》で、冷蔵庫にある野菜を2～3種類蒸して、テーブルに出します。

平日が簡素であわただしいぶん、休日の朝ごはんは、じっくり時間をかけていただきます。土鍋で炊いたごはんにお味噌汁、いくつかのおかずということもあれば、ちりめんじゃこや梅干し、薬味などをたっぷり用意して、お粥を煮ることも。子どもの大好物の「フレンチトースト」を作り、フライパンごとテーブルに出して楽しんだりもします。ただ「食べる」だけではなく、家族団らんの大切な時間です。

ところでわが家は、「大人は焼き魚で、子どもはハンバーグ……」といった風に、子ども専用のおかずや献立を作ることはしません。息子が離乳食を卒業したころから、ずっと家族3人同じものを食べています。もちろん、スパイスや薬味類など、子どものうちは食べられない素材も多いので、大人のぶんだけ最後の仕上げを変えるといった工夫はしますが、ベースとなる料理はいつも同じです。もともと私の実家がそういう家で、母はいつも、一家の大黒柱である父が食べたいものを中心に献立を考え、それを当たり前のこととして育ちました。

器類も、小さなころから息子だけプラスチック製という風にはしていなくて、大人も使う陶器や磁器の小皿や豆皿を活用していました。子どものためだけのおかずを作るとなると、時間は倍かかって大変だし、キャラクターの絵がついたお皿なども、ほんの数年の一時期しか使えないので、いずれ捨ててしまうようなものは、あまり買いたくないなあと思ったのです。

食事の時間は、子どもを大人のルールに従わせる……きびしく聞こえるかもしれませんが、「わが家らしさ」を、子どもに伝えていくためにも、大切なことだと私は思っています。

大人になって気づいたのですが、私の味覚や食べものに関する感性はすべて、母の料理でつくられたもの。その大切な味の記憶は、今の私をかたちづくってくれた貴重なものだと思っています。母親として、たくさんのことはできないかもしれませんが、せめて「わが家の味」だけは、息子に伝えていければと思っています。

●メープルフレンチトースト

材料(作りやすい分量) フランスパン½本 バター20g A(卵2個 牛乳150ml てんさい糖小さじ2) サワークリーム大さじ2〜3 シナモンパウダー少々 メープルシロップ大さじ2

作り方

① フランスパンは4〜5cm厚さに切り、よく混ぜたAに15分ほどひたします。

② フライパンを中火にかけ、バターを入れて溶けたら①を入れ、両面に焦げ目がつくまで焼きます。

③ ②を器に盛り、サワークリームをのせ、シナモンパウダーをふり、メープルシロップをかけます。

ミニサイズの蒸籠で作った季節の蒸し野菜と、「木次乳業」の牛乳とヨーグルト。この日のヨーグルトには、ドライプルーンとグレープフルーツをのせました。野菜ジュースはりんご、にんじん、レモンでシンプルに。腹持ちのいいベーグルなら、息子とふたりで、1個で十分。胃袋と時間に余裕があるときは、これに卵料理が加わります。

フレンチトーストは息子だけでなく、夫も大好物なので、休日での登場回数は多いかもしれません。卵液にきび砂糖を入れていますが、甘さは控えめなので、トッピングでコクと甘さをプラスします。マスカルポーネチーズをのせたり、はちみつをかけたり。牛乳とヨーグルトは平日と同じで、ベビーリーフのサラダとピクルスを添えて。

朝に少しだけ、晩ごはんの下ごしらえを

一日の家事や仕事を終えて、夕方、家族のための晩ごはんのしたくを始めます。そのとき、まったくの「0（ゼロ）」の状態から始めようとすると、とたんにおっくうになって、作るのがいやになったりすることはないでしょうか。

でもたとえば、野菜の下処理が終わって、刻んで保存容器の中に入っている。ハンバーグ用の玉ねぎだけは、みじん切りにしてすでに炒めてある。唐揚げ用の肉が切って、たれに漬け込んである。そんな下準備があったら、どうでしょう。全工程を「10」とすると、ほんの「1」か「2」程度の下準備でも、それがあるかないかでは、夕飯作りの気持ちが大きく変わるような気がします。

「材料を切る」という作業は、レシピではたいてい、ほんの1〜2行ですんでしまう工程ですが、実は意外と手間がかかるものですよね。でも逆に、それさえ終わっ

ていれば、気持ちはぐっとラクになるはずです。煮ものも、炒めものも、蒸しものも、切った材料さえあれば、加熱したり調味したりする工程は、気持ちの上では、そんなに大変ではないのです。私は「今日は仕事が大変そうだな」という日は、たとえば朝の時間帯のうちに、スープの材料を全部切って鍋の中に入れておき、「あとは火にかけるだけ」という状態にして、冷蔵庫に準備しておいたりします。

「朝の10分」と「夕方の10分」では、時間の流れが違います。朝は頭がすっきりして空気も清々しいから、義務であるはずの家事も、気分よくできたりします。一方、夕方になると、疲れはたまるし、子どもが学校から帰ってくると気持ちもあせって、「やらなきゃいけないこと」に追われる感じがしてしまいます。朝の10分を下ごしらえに使うか、それともそのまま夕方にもつれ込むか。「その10分が分かれ道」と言ったら、おおげさでしょうか。

朝に少しの下ごしらえをしたり、ストック類を活用してみたり。スタートは「0」からではなく、常に「1」「2」まで進めておく。そんな心構えが、夕方の自分をぐっとラクにしてくれるのです。

「煮る・炒める・揚げる」の基本をマスターする

どうしたら「料理上手」になれるのでしょう。手の込んだおもてなし料理が作れるようになること？　料理のレパートリーがたくさんあること？　もちろんそれらも大切ですが、私は何よりもまず、「基本」をきちんとおさえていることが、肝心なのではと考えています。

たとえば、煮ものの代表的な料理である「肉じゃが」。この料理をしっかり身につけていれば、「煮もの」という調理法の「仕組み」が分かり、ほかの煮もの料理にも、応用が効きます。主に火加減、それから材料の切り方や、調味料を加えるタイミング。そういった、いわゆる「料理の勘どころ」が一度つかめてしまえば、きっと料理の腕も、格段にアップするのではないでしょうか。同じように、「炒める」「揚げる」に関しても、代表的な料理を一品、確実にマスターすることが、料理上手への一歩だと考えています。

具体的に見ていきましょう。それぞれの料理の作り方は、66ページから紹介していますが、まずは煮ものの代表選手、「肉じゃが」。

この料理について、よく聞かれる悩みは、「じゃがいもの表面だけが茶色くなって、中まで味がしみていない」というもの。この原因は、煮もの全般にいえることですが、素材に火が通らないうちに、塩分を先に加えてしまうと、浸透圧の関係で味がしみにくくなってしまうから、まず出汁で、素材がやわらかくなるまで煮てから、そののちに塩分を加える。この順番を、必ず守りましょう。

さらに煮ものは、煮立たせているときよりも、火を止めて、冷めていくときに味がしみていくものなので、時間があるときはいったん冷ましてから、食べるときに再度温めるといいと思います。また、細かいことですが、味が均一に入っていくように、じゃがいもの大きさを揃えて切ることも大切です。

次に炒めものの代表、「もやし炒め」。もやしは水分が多い野菜ですから、「炒めているうちにどんどん水が出て、仕上がりが水っぽくなってしまう」ことが多い。野菜炒めは、味付けをしたあと一気に水分が出てしまいますから、調味前にしっかり油とからませ、味付けをしたあとは手早く火を止め、アツアツのうちに器に盛ることが大切です。
もやしの場合、シャキシャキした歯ごたえが身上なので、炒める時間は、ほんの1分程度。ほかの野菜炒めも、水っぽくならないようにするためには、まず油でしっかり炒め、野菜自体の水分を飛ばし、甘味やうま味を引き出してから味付けをする。この味付けの順番とタイミングを忘れないようにしましょう。

そして最後に「唐揚げ」。あまり早く揚げると、中まで火が通らないし、火を通すことを意識しすぎると、まわりが焦げてしまったりして、カリッと揚がりません。ポイントは、火加減を変えること。鶏肉を揚げ油に入れて、最初のうちは中火で火を通し、肉を裏返したあたりから、徐々に火を強めていき、最後は高温にして引き上げると、カラリとします。この揚げ方は、フライドポテトや根菜の天ぷら、とんかつなど、火が通るのに時間がかかり、なおかつカリッと油切れよく揚げたいものに、共通の方法です。最初からずっと高温だと、中まで火が通らないまま焦げてしまうし、逆にずっと低温のままだと、油っぽいだけの揚げものになってしまいます。

なお、山菜やえびの天ぷら、ししとうやなすの素揚げなどは、中温のまま、さっと揚げるのがコツで、同じ揚げものでも、火の入れ方はまったく別ものと考えましょう。

ちなみに、揚げもので「衣」をつける理由は、素材のおいしさを閉じ込めるためと、食感をよくするため、私は薄力粉と片栗粉を半々の割合にしていますが、薄力粉は「ふんわり」担当、片栗粉は「さっくり」担当。ふたつが合わさることで、カリッとしつつも、中はふんわりジューシーな唐揚げの食感が生まれるのです。

まずはこの3つの料理をくり返し作ってみて、「これだ！」という感覚をつかんでみてはいかがでしょう。そうすれば自然に、ほかの料理の腕も高まっていくのではないかと思います。

煮もの「肉じゃが」

材料(作りやすい分量)
牛こま切れ肉　300g
玉ねぎ(中)　2個
じゃがいも(男爵)　4個
しらたき　100g
A｜かつお昆布出汁　400mℓ
　｜みりん　大さじ3　酒　大さじ2
しょうゆ　大さじ2
塩　適量
こしょう　少々
ごま油　小さじ1
三つ葉　1束

器にじゃがいも、牛肉、玉ねぎ、しらたきをよそい、三つ葉をのせてでき上がり。

❶ 牛肉には塩、こしょうをふります。玉ねぎは6等分のくし形に切り、じゃがいもは2等分し、面取りをして水にさらします。面取りをすることで煮くずれを防ぎ、煮汁がにごることも防ぎます。しらたきはさっと湯通しをしてざるに上げ、食べやすい長さに切ります。

❷ 鍋にごま油を入れ中火に熱し、牛肉を入れて軽く焦げ目がつくまで焼きます。肉が細かくなりすぎないように、木べらで押しつけるように焼く。牛肉をいったんバットなどに取り出し、牛肉から出た脂で、玉ねぎとじゃがいもを炒めます。全体に油がまわったらAを加え、アクを取りながらひと煮立ちさせます。弱火にし、落としぶたをして8分ほど煮ます。

❸ 牛肉を戻し入れ、しらたきを牛肉と離した場所に入れ(しらたきには、肉を固くしてしまう石灰成分が含まれているため)、しょうゆと塩を加えて6分ほど煮て、そのまま粗熱がとれるまで冷まします。調味料を入れてからは特に、煮立たせないように注意して。煮立たせると、味がにごります。

炒めもの「もやし炒め」

材料(作りやすい分量)
もやし　1袋
赤とうがらし　½本
塩　小さじ½
ごま油　小さじ2

器に盛り、アツアツのうちにいただきます。

❶ もやしはひげ根をていねいに取り(ひげ根の部分をそのまま残すと、雑味が出て、すっきり仕上がりません)、水で洗い、水切り器などを利用して、水気をしっかり切ります。赤とうがらしはへたと種を取りのぞき、小口切りにします。

❷ フライパンにごま油と赤とうがらしを入れ、強火にかけます。温まったら、もやしを一気に入れます。菜箸で手早く混ぜて、水分を飛ばしつつ油となじませ、30秒ほど炒めます。

❸ 塩をふり、さっと混ぜてすぐに火を止めます。ここで炒めすぎると、もやしから水分が出て、べちゃっとした食感になってしまいます。

揚げものっ唐揚げ

材料(作りやすい分量)
鶏もも肉(皮なし)　500g
しょうが　2片
A｜しょうゆ　大さじ1
　｜みりん　大さじ1　酒　大さじ1
　｜塩　小さじ1/3
薄力粉　大さじ2
卵　1個
片栗粉　大さじ4〜5
レモン　½個
グリーンリーフ　適量
揚げ油　適量

器に盛り、食べやすい大きさに切ったグリーンリーフとくし切りにしたレモンを添えます。

❶ 鶏肉は室温に戻し、食べやすい大きさに切って、ボウルに入れます。すりおろしたしょうが、Aを加え手でもみ込み、15分ほど置きます。こうするとしっかり味がしみます。手がよごれるのがいやな人は、ビニール袋に入れ、まわりからもんでもいいと思います。

❷ ①に薄力粉と割りほぐした卵を加え、よく混ぜます。バットに片栗粉を入れ、鶏肉のまわりにまぶしつけます。きちんと全体に行き渡るように、ていねいに。

❸ 鍋に揚げ油を入れて中火にかけます。菜箸を入れ、下からゆっくり気泡が出てきたら、②を入れます。薄いきつね色になるまで3～4分揚げ、7割程度火が通ったら、裏返して火を強めの中火にして温度を上げ、全体が濃いきつね色になるまで揚げます。

献立に迷わなくなる「マイ・レシピノート」のすすめ

私の場合、仕事内容とも少し関係してくるのですが、もう10年ほど、「レシピノート」をつけています。レシピノートといいつつ、そんなに大したものではなくて、A5サイズの「イケア」や「モレスキン」といったノートに、日々のごはんで作る料理の材料と分量、それに「火が入りやすいよう、細かく切る」「ふたをして強火で5分」といった、簡単なポイントを記しただけのもの。作る工程などは、私の場合、ほとんど頭に入っていますから、この書き方がいちばんラクで、続けやすいのです。

このノートの中から、「これは」と思ったものは、雑誌や書籍で紹介することもあります。あとから分量の変更があった場合に書き直せるように、記入は鉛筆で。デジカメで写真を撮ったときは出力して、貼っておくこともあります。

何年かつけてみると、あとで見返したときに「このころは、この素材がブームだったんだな」「〇〇風の料理が気になっていたんだな」という具合に、自分がどんな料理を作ってきたかの記録になりますし、「自分の味」をかたちにしていく手がかりになります。そして献立に迷ったときには、このノートのページをめくれば、何かしらのヒントがつかめるのです。

もし雑誌や書籍を参考に料理を作ったとしても、その分量よりもう少し辛めが好きだったり、違う素材を追加して、よりお気に入りのレシピにすることもあるでしょう。２人分のレシピを家族４人分に作り替えたとしたら、調味料も単純に２倍ではなく、それぞれの調節が入ると思います。友人との持ち寄り会で教えてもらった料理や、外食で食べたものを参考にした料理なども、ひとつのフォーマットを決めて記録し続けてみましょう。

不思議なもので、一度手で書くことでアウトプットした分量は、ただ本を見ただけの数字よりも頭に入りやすくなるようです。書くこと自体が楽しくなると、料理上手にもなれそうですし、記録がたまっていく楽しみもあります。

もうひとつの記録として、「アピカ」の「10年日記」も続けています。始めたきっかけは子どもの出産で、その日あったことや、食べたもの、作った料理、子育てでの発見や反省などを、簡単につづっています。一日ほんの数行なので、負担も少なくて続けやすく、現在11年目。「離乳食では、こんなものを食べていた」とか、「風邪をひいたときは、○○を飲ませていた」など、子どもがどんなものを食べて大きくなっていったのか、不調のときはどんな風に回復していったかを、見返すことができます。食べもの以外でも、「鉄棒の逆上がりができるようになった」「恥ずかしがり屋だったのに、自分から挨拶ができるようになった」といった日々のエピソードも記し、ときどきなつかしい思いで読み返したりしています。

10年日記のいいところは、同じ日付が1ページに収まっているので、書きながら、1年前の今日、2年前の今日……という風に、さかのぼれること。同じ季節にどんなものを食べていたのか、どんな体調なのか、この数年でどんな変化があるのか。そういうものを日々ふり返ることができるのです。

だからというわけでもないですが、毎日をせいいっぱい、大切に生きようと思う、きっかけのひとつにもなるような気がしています。

MOLESKINEで永久保存版に。
TEN YEARS DIARY

レストランで食事をしたあとに、「おいしい！」と感動したら、自分なりに家庭料理用に味を再現してみて、材料と数字をメモしたりすることもあります。

家族がお弁当を楽しく食べられる工夫

息子が幼稚園に通っていた3年間、わが家もお弁当作りに追われる日々でした。料理の仕事をしているので、作ること自体はそれほど苦ではないのですが、どうしたら食の細い息子に、きちんと栄養をとってもらえるか、そのことばかりに頭が行きがちだったように思います。戻ってきたお弁当箱を開けて、おかずが残っているのを見つけるたびに、ため息をつく日々もありました。

けれどある日、幼稚園の先生から「今日は全部食べられたことを、とても喜んでいましたよ」と教えていただき、「ああ、子ども自身に、『僕も食べられた！』という達成感を味わわせてあげることが大事なんだなあ」と、意識を入れ替えました。栄養は、朝晩の家庭での食事で補ってあげればいいのだと思い直し、お弁当はとにかく、子どもが楽しく、喜んで食べてくれるようなものを中心にしていきました。

息子の大好物の「唐揚げ」は、夕飯のときに少し多めに作って、お弁当用にも冷凍しておくようにしたり、ごはんは食べやすいよう、のり巻きやおむすびにしたり。量は多からず、少なからず、できるだけ食べきれそうな量を。するとだんだんと、お弁当がからっぽになる日が増え、私自身も作りがいが出てきて、いい循環になっていきました。続けるにあたって、やっぱり楽しむことって大事ですね。

子どもが幼稚園を卒園し、入学した小学校は給食だったので、お弁当生活はひと段落しましたが、今でも週2回、塾通いに持たせる簡単なお弁当を作っています。幼稚園の頃と変わらず、食べやすさを重視して、栄養よりも好きなものを入れるようにしています。その他に、ときどき朝に、事務所に出勤する夫と、自分のためにお弁当を作ることがあります。夫の仕事がたて込んで外に昼食を食べに行けなそうなとき。あるいは私自身が忙しく、昼ごはんをゆっくり作る時間がないとき。そんなときは「家弁当」の出番です。

お弁当のいいところは、あらかじめ作っておけることと、器類を出す必要のない気軽さ。さっと食べられて、洗いものもラクチン。用意も朝食のときに一気にやるので、時間の短縮にもつながります。

楽しさという点で、私がいつも気にかけていることは、お弁当にも季節感を出すこと。春ならたけのこごはんや、新じゃが、新にんじんなど「新もの」を使ったおかずを入れて。夏だったら殺菌作用の意味も込めて、酢飯が大活躍。おいなりさんにしてもいいし、混ぜごはんもよく作ります。秋はきのこの炊き込みごはんや、秋鮭が楽しみ。ぎんなんは夫の大好物なので、晩ごはんに使ったときは少し取っておいて、翌日はあえてお弁当にして、おかずに加えてみたり。冬だったら、寒さで甘味を増した根菜や葉野菜をたっぷり使った滋味深いお弁当を。その時季ならではの味わいを、お弁当にも積極的に取り入れたいものです。

お弁当生活を楽しく続けるためには、かたちから入るのも重要です。ついつい子どもが好きなキャラクターもののお弁当箱などを選びがちですが、お母さんからの視点で、詰めるのが楽しくなるようなお弁当箱があっても、いいのではないかと思います。私は曲げわっぱや塗りのお弁当箱が好きで、「子どもには少し渋いかな?」と思ったりもしましたが、息子はそれも楽しそうに使っていました。自分のためのお弁当なら、包みの布も、お気に入りのクロスやバンダナなどを活用して、お昼時間の彩りにしてみるのもいいですね。

愛用している「柴田慶信《よしのぶ》商店」の曲げわっぱ、アルマイトのお弁当箱、塗りもののお弁当箱。包みは、「リベコ」や「マーガレット・ハウエル」のクロスを活用することも多いです。

疲れて何もしたくない日は、炊きたてごはんがあればいい

ふだんは料理すること自体がストレス解消になっている私ですが、そんな私でも疲れて、「今日は料理をしたくない」と、思う日もあります。もちろん外食ですますこともありますが、外食すること自体が疲れてしまうことがあります。

そんなときに私がよく作るのが、鍋ひとつでできる料理。いろんな野菜を刻んで肉と一緒に厚手鍋に入れて蒸し煮にするとか、残りもの野菜を全部刻んでスープにするとか。61ページにも少し書きましたが、「今日の仕事が終わったあとは、料理を作る元気も残らなそうだな」という予感がするときは、あらかじめ朝の時間帯に、鍋に材料を刻んで入れておき、「あとは火にかけるだけ」という状態にして、冷蔵庫に入れておきます。「あの鍋がある」と思う安心感は、何よりも心強いもの。

さらには、もっと疲れて、「包丁すら持ちたくない」という日もあります。そんな日の晩ごはんは、潔く炊きたてのごはんのみ。私は「お米さえおいしく食べられ

れば、人間何とかなる」と、考えているところもあって、そんな日はあれこれおかずに手を出さないほうがいいのです。炊きたての土鍋ごはんに、冷蔵庫にある常備菜をちょこちょこ添えて。疲れた身体には、それだけでもしみわたって、「あ――、明日からも、またがんばろうかな」という気持ちになれるから不思議です。

ちなみにごはんのお供になる常備菜は、出汁を取ったあとに残るかつおぶしや昆布を利用して作ることも多いです。

お米は、島根県産の無農薬栽培のコシヒカリを玄米で取り寄せています。うちは玄米と白米を交互に食べているので、白米は食べるそのつど、精米しています。自分で精米機を持っていると、5分づき米、7分づき米（栄養価の高い玄米のぬか部分を、半分、3割、残したお米）という風に、選べるのがうれしい。精米機は「山本電気」の、料理人の道場六三郎さんがプロデュースしたもの。コンパクトで場所を取らず、精米にかかる時間も2分くらい。精米というとおっくうなイメージを持つ人もいるかもしれませんが、習慣にしてしまうと、本当にあっという間です。

●かつおぶしの佃煮

材料(作りやすい分量)　出汁を取ったあとのかつおぶし2カップ　A(みりん大さじ3　酒大さじ2)　B(松の実30g　しょうゆ大さじ1　塩小さじ1/3)

作り方

①鍋にかつおぶしとAを入れ、弱火にかけます。木べらでかつおぶしをくずしながら、水気がなくなるまで炒り煮します。

②Bを加え、全体がなじむまで、焦がさないように炒めます。

●昆布の佃煮

材料(作りやすい分量)　出汁を取ったあとの昆布400g　A(みりん100ml　酒50ml　酢大さじ2)　しょうゆ100ml

作り方

①昆布は3cm角に切ります。

②鍋に①、A、水400mlを入れて中火にかけ、落としぶたをして15分ほど煮ます。

③しょうゆを加えて弱火にし、落としぶたをして30分ほど煮てでき上がり。

朝にごはんを炊いたら、おひつに移せば、夜まで持ちます。冬は蒸し直して温めますが、夏はそのままでも。炊飯器に入れたままより断然おいしい。おひつは「桶栄《おけえ》」のもの。

食費は専用口座を作ってやりくりを

仕事でも食材を買うことが多いのですが、家庭での食費は毎月金額を決めて、その中でやりくりをしています。「仕事のお金とごっちゃになりませんか？」と聞かれますが、食費用の口座があるので、残高は一目瞭然。月末になると、残った金額とにらめっこしながら、あれこれ考えをめぐらせて買い物をしています。けれど限られた食費の中で、「これだけは、ケチらない！」と決めているのが、お米と調味料。私にとってこのふたつは、食生活の基本だからです。

基本の食材は、有機・低農薬野菜と無添加食品の宅配サービスである「地球人倶楽部」を利用し、週に1回取り寄せています。それに加えて週に2〜3度、足りない食材を調達しに、近所のお店に買い物に出かけます。

食べものに関しての、考え方はとてもシンプルです。おいしいものを食べたいから、そのためにおいしい素材を買いたい。オーガニック食材を選ぶのも、もちろん「安全・安心」も理由ですが、何よりも味がおいしいから。皮ごと、根っこごと食べられて捨てる部分が少ないし、たくましく育っているせいか、日持ちもします。きちんと世話さえすれば、「ダメにして捨てる」ということもほとんどなく、最後まで無駄なく使い切れて気分もいい。買うときに価格が少し高いかなと思っても、逆に経済的だったりします。

野菜や魚に関しては、できるかぎり旬の素材を選ぶのもポイントです。旬の素材は量が多く出まわるので、価格も安くなるし、栄養価もいちばん高くなるように自然がしてくれているのです。雑誌や書籍などの仕事では、どうしても季節を先取りしなくてはいけませんが、家庭用に季節外れのものを、高いお金を出して買うことはほとんどありません。

無駄をはぶき、冷蔵庫の在庫をきちんと把握して、買ったものすべてを最後まで「使い切ること」を心掛ける。それが結果的には、「経済的な食費のやりくり」につながっていくと思います。

インスタントスープを使わない方法

「固形スープの素」や「インスタントの出汁」は使いません。忙しいときに便利なのは分かりますが、どの料理も「同じ味」になってしまうのが、つまらないなあと思うからです。化学調味料は、口に入れた瞬間にインパクトはあるのですが、「飽きる味」でもあります。それに対して、自然な素材から取ったスープや出汁は、不思議なことに、毎日口にしても飽きることがありません。

スープというと、鶏がらや牛すね、豚骨など、動物性の素材からしか取れないという思い込みがある人も多いですが、にんじんからはにんじんの、玉ねぎからは玉ねぎのという風に、素材からはそれぞれの出汁が出るのです。素材それぞれの、その日そのときの出汁のおいしさを味わうことが、料理の楽しさでもあるので、それをインスタントにしてしまったら、お楽しみも半減です。

和風の出汁ならともかく、洋風や中華のスープがむずかしいという声も。そんなときは「出汁が出やすい食材」と、「相性のいい組み合わせ」を覚えておくと便利です。

洋風なら、「鶏肉＋白ワイン＋ローリエ」というのは、鉄板の組み合わせです。肉が手に入らなかったときは、ソーセージやベーコンを使ってもいいでしょう。魚介類からも、とてもいいスープが出ます。生ぐささを抑えるために、白ワインとともに、ハーブ類を一緒に加えることを忘れずに。私はローズマリー、オレガノ、ミックスハーブのエルブ・ド・プロヴァンスなどをよく使います。

中華なら、「干しえび、干ししいたけ、貝柱といった乾物＋戻し汁＋紹興酒」。うま味が凝縮された乾物類に、紹興酒のコクが加わると、味に奥行きと風味が生まれます。中華に限ったことではないですが、ほたてやあさりの水煮、生のしいたけやえのきからもよいスープが出て、中華の味付けとは、とても相性よしです。

動物性の素材なら1種類でも大丈夫ですが、野菜なら2～3種類を組み合わせるといいでしょう。素材から生まれるスープの滋味深い味わいを意識するようになると、料理に対する姿勢も、きっと大きく変わると思います。

料理のレパートリーを広げるコツ

「テーブルに並ぶおかずが、いつも似たようなものになってしまう」という悩みをよく聞きます。

毎日ごはんを作り続けていると、旬を意識すれば素材も似てくるし、味付けもマンネリになりがち。そうすると、つい気軽なインスタント食品などに頼りたくなる。そういう方に共通するのは、「料理＝味付け」という意識がとても強いこと。もう少し考え方を広げてみてはいかがでしょう。

たとえば、じゃがいもにオリーブオイルと塩、というシンプルな組み合わせでも、炒める、蒸す、煮る、では、それぞれ味わいがまったく変わります。炒めれば香ばしくなるし、蒸せばホクホク、煮るとやさしい味わいに。これら3つは「違う料理」と考えてもいいと思います。

そこに、「炒めた香ばしさに、カレー粉やスパイスを加えてみよう」「蒸したホクホクの味わいに、玉ねぎの甘さを加えてみよう」といった具合に、その日の体調や家族の好みによって、発想を重ねていく。そこに「わが家の味」が生まれるきっかけがひそんでいます。

また、野菜は切り方で、味わいががらっと変わります。たとえばれんこん。薄切りにするか、縦に歯ごたえを残して切るか、みじん切りにするかで、「同じ野菜なの？」と思えるほど、食感が変わる。食感が変われば、これも「違う料理」です。

次ページに紹介したふたつの料理は、「にんじん・塩・オリーブオイル」というメインの材料はほとんど同じですが、味わいはまったく別。生でせん切りにした「にんじんのせん切りマリネ」は、シャキシャキした歯ごたえが魅力で、輪切りにしてしばらく煮た「にんじんのオリーブオイル煮」は、ホクホクした甘さが際立ちます。

料理の幅を広げる方法は、味付け以外にもたくさんあります。まずは、調理法と素材の切り方を変えてみる。そこから広がる可能性を、楽しんでもらえればと思います。

●にんじんのせん切りマリネ

材料(作りやすい分量) にんじん1本 塩小さじ½ A(白ワインビネガーまたは酢小さじ2 てんさい糖ひとつまみ 塩少々) オリーブオイル小さじ2 粗びき黒こしょう少々

作り方

①にんじんはせん切りにして塩をふって軽くもみ、そのまま10分ほど置き、手で水気をぎゅっとしぼります。

②ボウルに①を入れ、合わせたAを加え、あえます。さらにオリーブオイルと黒こしょうを加え、さっとあえてでき上がり。器に盛り、好みでさらに黒こしょうをふります。

●にんじんのオリーブオイル煮

材料(作りやすい分量) にんじん1本 にんにく½片 A(水350ml 白ワイン大さじ1 塩小さじ½ ローリエ1枚) B(オリーブオイル小さじ2 黒粒こしょう少々)

作り方

①にんじんは1cm厚さの輪切りにして、にんにくは包丁の背で軽くつぶします。

②鍋に①、Aを入れて中火にかけ、煮立ったら弱火にして、ふたをして10分ほど煮ます。やわらかくなったらBを加え、火を止めます。

③章 動きやすいキッチンづくり

ものの置き場は、ときどき見直して使い勝手よく

部屋を整理整頓させる秘訣は「ものの住所を決める」のが鉄則とよくいわれています。私も定位置は、きちんと決めるようにしていますが、「もっと工夫ができないか？」「もっといい方法はないかな？」と考えるのがクセになっていて、「置き場所」は先入観で、固定させないようにしています。

その時期、その環境で、いちばん使いやすくて動きやすいよう、常にアップデートしていく、といったらいいでしょうか。

たとえば器の収納。私は料理の撮影用に、それなりの数の器を持たなくてはいけないので、食器類はキッチンまわりの棚ではなく、リビングの壁面前に置いた、扉付きの食器棚に収納しています。ただし、毎朝使う家族3人分の朝食用の器だけは、コンロの後ろにある引き出し棚に置いています。夜ごはんはゆったりした気持ちで器選びも楽しめますが、忙しい朝は、毎日同じもので十分。取り出す時間を短

縮するために、さっと振り向いて手が届く距離にセットしておくのです。

また、お客さま用の湯飲み類は、冷蔵庫隣の棚の上に置いた竹かごの中に。気の置けない友人たちが集まる家ごはんのときには、そこから自由に取り出して、使ってもらったりしています。豆皿類もその隣の、桐の箱膳の中に収めています。


食器棚の中は、年に2回程度の「大入れ替え」のほかに、細かな位置替えを頻繁に行っています。

ある時期気に入って集中して使っていたものの、最近それほど手が伸びなくなった器。逆にしばらく使っていなかったけど、ふと「そういえば、あれをまた使ってみたいな」と思えるようになった器。そういったものの場所を、入れ替えてみるのです。不思議なもので、場所を入れ替えると棚の中の空気が変わり、使うこちらの気分も変わってきます。

一見ぎっしり詰まっているかのような食器棚の中も、実は自分なりにすき間を作って、後ろのほうにもきちんと手が届くように配置しています。棚板は可動式なので、必要に応じて、上下させて。さらに棚の中に、余白となるスペースがあれば、より循環させやすくなるのではないかと思っていますが、今後の課題です。
ちなみにキッチン戸棚の中にも、それぞれ結構ぎっしりとものが収まっていますが、一方で「ここは何も置かない」というスペースを設けることで、台所がスムーズにまわりやすくなったりします。私の台所の場合、キッチンの背面のオープン棚の下段が、それにあたります。たとえば料理本の撮影では、一日に数十品の料理を作ることもありますが、そこに材料や撮影が終わったものを次々置いていけるので、キッチンがパンクすることはありません。

器に関してはそんな風に試行錯誤中ですが、そのほかのものに関しても、私が今の家に引っ越してきてから、それぞれの定位置が決まるまでは、わりと時間がかかりました。一時期置いてみて、使いにくかったら、また入れ替える。そんなことをくり返して、それぞれの住所がおおよそ決まったのは、結局1年後くらい。でも、ものの居場所は、そのくらい時間をかけて決めても、いいものだと思っています。

オープン棚の上は、
何も置かないスペースに。

朝食用の器セット。
木皿は渡邊浩幸さん作。

保存容器類は、
オープン棚の下にある戸棚に。

竹かごに入れた湯飲みと、
箱膳に入れた豆皿。

食器棚は、探しやすくしまいやすい素材別収納

食器のほとんどは、リビングの壁面前に置いた、扉付きの食器棚に収めています。これは前の家に住んでいるときに、「モノクラフト」の清水徹さんに作っていただいたもので、素材はウォールナット。本当はもう少し濃いトーンだったのですが、日に焼けて、少し黄色味が強くなりました。わが家の雰囲気と合うので、今はこの色味が気に入っています。次に暮らす部屋がどのような広さになるのか分からなくて、3つに分割して使えるように作ってもらいましたが、何と運よく、新しい部屋にもほぼぴったりはまる大きさでした。

器の収納は「素材別」が基本です。中央の扉には、仕事でもふだんの食事でも、使う頻度の高い平皿関係を。陶器も磁器も、洋食器も和食器もあり、色は白がほとんど。ここに急須も一緒に入れています。右側には大皿と、木や漆の器を。左側の扉は、ガラス器と染付の器、片口などの変形の器と、お弁当箱などを。素材別にす

ると見た目もすっきりしますし、しまう場所も一目瞭然。家族に「あの器を取ってきて」と頼むときにも、場所がはっきりしているので、探しやすいのです。

器といえば、私の親がそうだったのですが、「お客さま用」と「ふだん使い用」とに分ける方もいます。けれど、器は飾っておいてもつまらないし、お客さまもそんなにしょっちゅう来るわけではありません。なので私は、ふだん使いの器も、お客さまにも出せるようなものを吟味して、分けへだてなく使うようにしています。

「どんな器が便利ですか？」と聞かれると、やっぱり「白い器」と答えることが多いです。白はいちばんベーシックで、どんな料理も受け止めてくれる、包容力のある色。中でも特に、食卓に変化がつく輪花皿、枚数を揃えておける業務用の白磁洋皿、何を盛っても様になる立ち上がりのあるリム皿は、持っておいて損はない器だと思います。

いちばん使用頻度が高い平皿まわりを中央に。

塗りものの器や、大皿関係は右側の扉。

左扉はガラス器など。カトラリー類もここに。

写真左上から時計まわりに、輪花皿は伊藤聡信さん、
オーバルのリム皿は安藤雅信さんのもの。
業務用の白磁洋皿は、イタリア「サタルニア」のものです。

「切れる包丁」と「まな板」さえあれば

調理器具を買うのって、楽しいです。どんな道具も「○○ができる」という機能をうたっているので、手にすれば自分の技が増えたような気がして、すごくウキウキするもの。私も20代のころは、さまざまな道具を買って試してみたものでした。電動缶詰開けや、カプチーノの泡立て器、いろんな刃がついたスライサー……買った当初ははりきって使うのですが、なぜか不思議なことに、いつの間にか使わなくなってしまいます。みなさんの台所にも、そんな一軍落ちの道具がひとつやふたつ、眠っているのではないでしょうか。

私はそれでも仕事柄、それなりの量の道具を持たなければいけない部分もあるのですが、実のところ、台所道具は究極、「切れる包丁」と「まな板」と鍋さえあればいいのでは……と思ったりしています。それは極論としても、下手な道具を何種類も買うより、たとえ少し値がはっても、一生ものの包丁を手に入れたほうが、絶対にいいと断言します。

たまに友人がわが家に来て、台所で包丁を使うと、「せん切りが、細く切れる!」と驚いたりします。これは本当の話で、切れる包丁は、せん切りの幅が変わります。そして仕上がりも美しく、それだけで、ちょっと料理上手になったような気分になれるのです。

いい包丁の特徴は、ほどよい重みがあること。最近は軽い包丁も多いですが、包丁に重みがあると余計な力を入れなくても、ストンと落ち、スパッと切れます。切れない包丁のように、ぐいぐい押し切りをして、食材を傷めることもありません。

包丁は何種類か使っていますが、メインで使っているのは東京・亀戸の包丁店「吉實《よしざね》」の鋼《はがね》の洋包丁。鋼は水にぬらしっぱなしにしておくと錆びるので、ステンレスとくらべて使い方に少し注意が必要ですが、硬さも重さもしっかりしていて、頼もしい存在感です。

鋼にせよ、ステンレスにせよ、包丁を常に切れ味をよくしておくためには、やはりメンテナンスが必要です。1週間に一度は砥石を使って自分で研ぐほか、年に一度は研ぎに出し、プロの手で手入れをしてもらっています。私は数年前、京都の老舗の包丁店「有次《ありつぐ》」で開催された「研ぎ教室」で、研ぎ方を習いました。引くときに力を入れないこと、刃の寝かせる角度など、ちょっとしたことですが、コツを教えていただいたのは本当にいい経験だったと思っています。きちんとした百貨店などに行くと、売り場には「包丁名人」のような店員の方がいたりするので、研ぎ方を教わりつつ、相談しながら自分に合った包丁を選ぶのもおすすめです。

まな板は、青森の物産展で出合った、ヒバ材の丸いかたちのものを愛用しています。包丁の当たる感触が好きなのと、小ぶりなサイズなので、洗うのが気軽だし、切ったあとひょいと持ち上げて、そのまま鍋やボウルに素材を入れられるところが好きなのです。ただし、ねぎやごぼうなど長い野菜ははみ出してしまうので、半分に切ってからでないと、上にのらないという難点もありますが。

天然木のまな板は包丁の当たりがやわらかく、素材が板にすいつくような感じがあって、切っている間にずれたりしません。長方形にするか、正方形にするか、私のように丸形にするか（中華のまな板は、丸形のものが結構あります）。ヒノキにするか、イチョウにするか。まな板に関しての「使い勝手」や木目などの見た目の好みは、人それぞれだと思うので、使いやすいものを選ぶといいと思います。

お手入れは、たわしでよく洗い、きちんと乾燥させるのが基本です。包丁の跡の細い溝に汚れがたまりがちなので、スポンジよりもたわしがいいようです。私はときどき殺菌の意味も兼ね、天日干しするようにしています。さらに月に一度ほど、「表面がささくれ立って、ざらついてきたな」と思ったら、紙やすりでメンテナンスを。まずは目の粗いやすりで表面の凸凹をなくし、さらに1000番手くらいの細かなやすりで仕上げます。時間は裏表で、ほんの5分程度。まな板も包丁のように、製造元に「削りに出す」こともできますが、かんなで削るので、まな板の厚みが薄くなってしまいます。なので、それは2~3年に一度にしていますが、まるで新品のようになって返ってくるので、気持ちが清々しくなります。

いい包丁とまな板、それがあれば、一時的ではなく、ずーっと長く大切にできるし、確実に料理が上達します。ひとり暮らしをしたり、結婚したり、新生活を始める人には、あれこれ道具を揃えるよりも、まずは切れる包丁とまな板を手に入れることをおすすめします。

集中してリズミカルに。

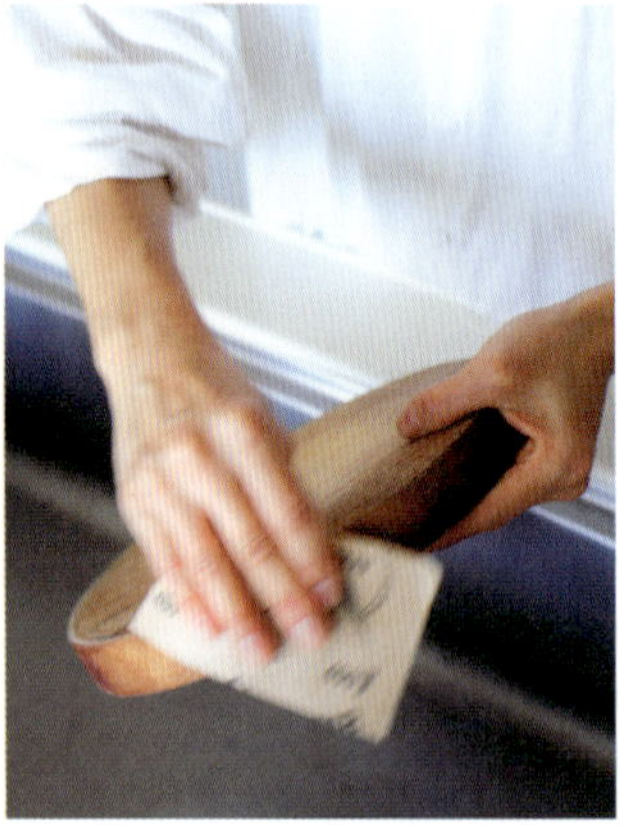

紙やすりは力を入れず、
軽くなでるようにかけます。
側面が黒ずみやすいので、念入りに。

砥石は研ぐ前に、1時間以上水につけて、
しっかり水をふくませておきましょう。

このまな板は11年ほど、包丁は９年ほど使ったもの。
それぞれ味わいが出てきました。

5種類の鍋が、わが家の基本

台所道具はたくさんはいらないと思っているので、鍋に関しても「究極は○○ひとつを持てばいい」と、きっぱり言いきれるといいのですが、それができないのが、鍋の悩ましいところです。なぜなら、それぞれの鍋で、得意とする料理が少しずつ違うから、私もそれなりの数を持ちつつも、いわゆる「お蔵入り」しているようなものがない。鍋は、それぞれに頼れる存在なのです。

けれどやっぱり、かさばるものですから、一気に増やさないで、引っ越しをしたり、家族が増えたりといったタイミングで吟味しながら少しずつ、買い足していくといいのではと思います。その参考に、私の愛用鍋をいくつか紹介します。

「ビタクラフト」の直径28㎝と20㎝の、ステンレス製の鍋を使っています。この鍋は母も使っていて、私が幼稚園のころにシリーズで揃えたそうです。それらは、30

年以上経った今も、もちろん現役。ひとり暮らしを始めたとき、真っ先に買ったのもここの鍋でした。無水調理ができ、熱伝導がいいことなどが知られています。

大きいほうの鍋は、パスタ鍋にしたり、年末年始にたっぷり出汁を取ったり、煮ものを作ったり、蒸し板を入れて、茶碗蒸しを作ることも。小さいほうは、ちょっとした煮ものや、ひじきや切り干し大根で常備菜を作るときに、欠かせない存在です。「ビタクラフト」のような歴史の長いメーカーは、シリーズで集めると、収納したときに統一感があり、メンテナンスもきちんとしているので安心です。

母が使っていた鍋といえばもうひとつ、「無水鍋《むすいなべ》」があります。アルミ合金鋳物の厚手鍋で、食品自体に含まれている水分だけで加熱できる（無水調理ができる）ので、野菜をゆでるときには、必ずこの鍋を使います。また、炊き込みごはんやピラフ、魚の煮ものなどにも重宝。ふたもフライパンとして使えるので、ふたで豆腐や麺を炒め、鍋であんを作り、あんかけ豆腐やあんかけ焼きそばを作ったりも。ごはんも炊ける万能鍋なので、キャンプのときには必ず持っていきます。

省スペースという点では、「有次」のアルミ素材の「やっとこ鍋」も大のお気に入り。いろんなサイズがありますが、中身が入った状態で、女性が片手で無理なく持てるのは、直径18㎝前後まででしょうか。私は18、15、12㎝の3サイズと、片口タイプをひとつ持っています。スタッキングができ、ボウルとしても活用していま す。小さなサイズはひとり分のお味噌汁を作るときにも便利ですし、ちょっとした野菜の煮ものなどにも。熱伝導率がよく、ふくめ煮が得意で、和食関係には欠かせない存在です。

ここ最近使う頻度が高いのは「ストウブ」の鋳物ホーロー鍋。保温性が高く、重いふたが蒸気を逃さないので、水分が鍋全体に行き渡り、食材の香りや栄養素を逃しません。こちらもコトコト系の煮ものがお得意ですが、ふろふき大根のようなものは無水鍋、ビーフシチューのような素材の原形をなくすくらいのしっかりした煮込みは「ストウブ」という風に使い分けています。

「WESTSIDE33」のオーバル型の浅型銅鍋は、魚介類を蒸すときに。貝類や白身魚の酒蒸しなどが絶品で、銅も熱伝導率がいいので、さっと短時間で仕上がります。デザインも素敵なので、「ストウブ」と同じく、鍋ごとテーブルに出す料理におすすめです。

左上から時計まわりに、「無水鍋」、「ストウブ」の「ココット ラウンド」、「有次」の「やっとこ鍋」、「ビタクラフト」の「ボストン」の片手鍋、「WESTSIDE33」の銅鍋。いちばん古株の「ビタクラフト」は16年前に購入したもので、今も毎日のように活用中。

調味料、スパイス、乾物類の収納について

こまごまとした調味料やスパイス、乾物類の収納は、特に決まったルールがなく、人によって個性が出て、やり方も千差万別です。私もいろんな容器、いろんな収納法を試してきましたが、「今は、こんな風に落ち着いている」という方法を、紹介したいと思います。

まずは、しょうゆ、酒、みりん、米酢という、登場回数が多い、基本の液体調味料。これらは瓶や容器の大きさがそれぞれバラバラだし（一升瓶のものもあれば、紙パックのものもあります）、大きい瓶を何度も出すのは面倒なので、同じサイズの容器に入れ替えています。愛用しているのは、「タッパーウェア」の1・1ℓサイズの「Sライン」という容器。軽くて液だれしにくく、見た目もすっきりしていて、統一感が生まれるのがうれしい。料理しながらもすぐに取り出しやすいように、コンロ下にある引き出しラックの、下段に揃えて入れています。

スパイス類や粉ものの調味料は、瓶で購入したものは、そのまま引き出しラックの上段に。袋に入って売られていたものは、フランス「アルク」社の「リュミナルクジャムポット」に移し替え、キッチンワゴンの中に収めています。袋入りを買う場合は、「このケースに入る量を」というのをルールにしていて、一部を瓶詰めにして、一部を袋のまま置いておくようなことは、絶対にしないようにしています。というのも、輪ゴムで留めた袋詰めのスパイスや調味料は、その存在を忘れてしまって、「使い切らないうちに、新しいものを買ってしまった……」という失敗をしがち。その点ガラス器なら、残りの量が一目瞭然です。白米に混ぜたり、料理に使ったりする、丸麦や黒米といった雑穀類も、このジャムポットに入れて保存しています。

ひじき、わかめ、干ししいたけ、高野豆腐、のり、切り干し大根などの乾物類は、「タッパーウェア」の楕円タイプの収納ケース「MMだ円」に。このケースはサイズがいくつかあり、ひじきなど細かいものは小さいサイズ、ややボリュームのある高野豆腐や切り干し大根などは中サイズ、出汁用のかつおぶしや昆布は大きなサイズ……と、使い分けができるので便利。私は3つのサイズを上手く組み合わせてスタッキングして、オープン棚下の戸棚の中に収めています。「タッパーウェア」は、密閉性の高さも特性のひとつなので、乾物類の保存にはもってこい。乾物も、在庫を忘れて余計に買いがちなものなので、やはりこの容器に収まる量をしっかりチェック。ボディが半透明で、こちらも残量が常に見えるところが助かっています。

強力粉や薄力粉といった粉類も常備していますが、それらは「野田琺瑯《ほうろう》」の「ラウンドストッカー」に。粉ものは湿気やすく、かびも生えやすいので、家庭用なら大量にまとめて買うより、できるだけこまめに買ったほうがいいと思います。私はいつも2kg単位で購入していて、この「ラウンドストッカー」には、その全量が収まるのがありがたい。中ぶたがついているので、湿気も寄せつけません。ちなみに粉類は、購入したものの、当分使う予定のない場合は、きちんと封をして、冷凍庫や冷蔵庫で保存するといいと思います。

料理でいちばん使う頻度が高い調味料である塩は、オープン棚の下段に置かれた、作家もののふたつき容器たちに入れています。和食には藻塩、洋食にはフランスのゲランドの塩、そのほか、旅行先で買ってきた塩や岩塩など。常に6〜7種類を気分によって使い分けていて、しかもさっと取り出せる気軽さがありがたいので、見た目も好きな容器に移し、手に届く距離に並べているのです。

お米は「地球人倶楽部」から1〜2週間に一度、玄米のまま2kg単位で取り寄せていますが、いわゆる「米びつ」みたいなものは持っていなくて、ガラス作家・辻和美さん作のふたものに収めています。こちらも2kg分のお米がきっちり収まるサイズで、透明なので、残っている量がひと目で分かりますし、何よりたたずまいが美しい。息子がもう少し大きくなって、食べ盛りを迎えたら、とてもこのサイズでは追いつかないと思うので、そのときはまた、別の収納方法を考えたいと思っています。

台所は道具類だけでなく、こういった食材も「置き場所」をきちんと決めてあげることが大切だと思います。そして最後まで無駄なく使い切るために、「この食材があることを忘れていた」という状況にならないような、工夫をしたいものです。

小型のキッチンワゴンのかごには、ガラスのジャムポットに移し替えたスパイスや雑穀類を。

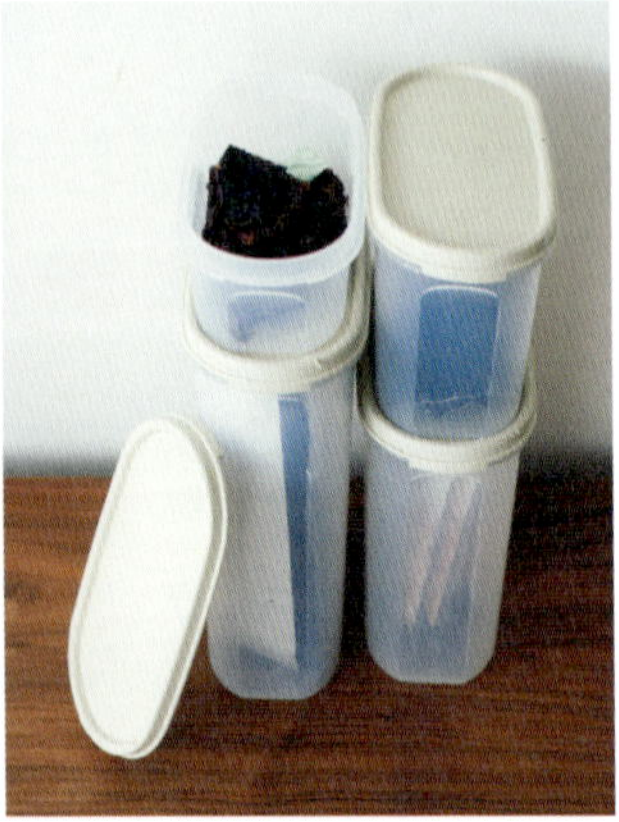

乾物の収納も「タッパーウェア」。大・中・小サイズを組み合わせることで、高さを揃えて収納できます。

コンロ下にある引き出しラックには、「タッパーウェア」に入れ替えた液体調味料や、スパイス類を収納。

コンロわきの
使いやすい場所に。

粉類の収納は「野田琺瑯」に。白のホーロー素材は、清潔感があるところも好き。

右のガラスは辻和美さん作。左にはハトムギなどの雑穀を入れています。

塩はお気に入りのツボに入っています。

右上はゲランドの岩塩、その隣が海藻から取れる藻塩、左下のピンク色の塩はハワイで買ってきたもの。

キッチンツールは「しまう」と「見せる」の両方で

台所道具の収納に関しても、使いやすさ、見た目のすっきり感を基準に、配置を考えています。こまごましたキッチンツール類は、調理台右手下にある3段の引き出しに収納しています。道具類もつい増えてしまうものなので、ここも食器棚と同じく、できるだけ素材別に収めるように。1段目はピーラー、スライサー、キッチンばさみなど、ステンレス素材、2段目は木のへらやサーバー類、3段目はステンレスやガラスのバット、ボウル類など。こういった道具類は「今すぐ使いたいとき」に取り出すものなので、引き出しにごちゃ混ぜに入れておくよりも、仕切りを作って入れたほうが、さっと取り出しやすいと思います。

鍋類やフライパンは、シンク下の棚の中に入れています。「無水鍋」と「ビタクラフト」の鍋は、ふたを裏返すと取っ手が内側になり、鍋同士が重ねられて省スペースに。「有次」の「やっとこ鍋」もスタッキングでき、場所を取らず、ありがたいです。ただし「ストウブ」の鍋は重量があるので、下の奥にしまってしまうと、どんどん使わなくなる可能性があるので、リビングの果実酒類を置いている棚の下段に置いています。また、「ＷＥＳＴＳＩＤＥ33」の鍋は、デザインも好きなので、棚にしまい込まず、オープン棚に飾ることが多いです。

ものの収納全般にいえることですが、「下にしゃがみ込んで取り出す」という動作は、意外におっくうになりがち。なので、頻繁に取り出すものは、手を伸ばしやすい距離感に置くことが大事です。「野田琺瑯」の「ホワイトシリーズ」や空き瓶など、よく使う保存容器類は棚の手の届きやすい場所に収納しています。なお、ボディの部分とふたの部分を分け、重ねられるものは重ねて収納。ふたをしたままにしておくと、においがこもるからです。その下には、ふだんあまり使わない、焼き型など製菓道具やフードプロセッサーなどの調理器具類をしまっています。

また、キッチンペーパーやラップなどの消耗品、こまごまとした調味料類などは、出しっぱなしにしておくとどうしても雑多に見えてしまうので、扉のある棚にしまったほうが、見た目もすっきりするし、掃除もラクだと思います。

④章 掃除とキッチンのあと片づけ

掃除は気持ちのいい暮らしの「日課」

私にとって「掃除」は、「苦になる家事」というよりは、ごはんを食べたり、お風呂に入ったり、夜眠ったりするのと同じくらい当たり前のことで、毎日気分よく生活するための、「日課」という感じです。掃除をすると気持ちがすっきりしますし、家が整っていないと、外出していても何だか落ち着かなくて、「早く家に戻って、掃除をしたいな」と思うくらい。

つまり私の場合、「家の状態」と「心のありよう」がしっかり結びついていて、部屋の中が整っていると、機嫌がいいし、ごはんを作るのも楽しくて、ていねいな味付けになる。けれど逆に、部屋が散らかって、よごれがたまっていくほど、何だか投げやりな気分になって、料理も適当になっていく。これはもう、理屈ではなく、事実としてそういうものなのです。

だから「仕事が山積み」、なおかつ「部屋が散らかっている」という状況のときは、そのときちょっと大変でも、「何時何分まで」と時間を区切ったりして、とりあえず先に掃除をして、空間をすっきりさせてしまいます。忙しいときほど、空間が整理整頓されていたほうが仕事が進み、疲れもたまりにくくなり、結果的にはそのほうが早かったりすることが、経験的に分かってきました。

もちろんわが家には、やんちゃざかりの小学生がいるので、朝、部屋を整えたとしても、学校から帰ってきたとたん、おやつを食べたり、おもちゃをひっぱり出したり、あっという間に部屋はカオスな状態に。でも、子どもという存在は、よごすことが当たり前で、雨や雷といった自然現象と同じようなもの。それにいちいち腹を立てたりしても仕方ないので、毎朝自分で決めた状態に部屋の中をリセットできれば、それでよしとしています。

掃除を習慣化させるのに一番いい方法は、「やらないと、気持ち悪い」という精神状態に持っていくこと。まずは「台所の床だけ」「洗面所の水まわりだけ」と場所を決めて、1週間から10日間ほど、毎日必ず掃除をするようにしてみる。その心地よさが習慣化したら、そのスペースを、少しずつふやしていくといいと思います。

掃除は「マイルール」を決めて、迷う時間をなくす

「掃除は、毎日やる」。これは、私が決めたルールです。リビングから続きの和室にかけて、ハタキをかけ、掃除機をかけ、水ぶきをする。廊下から玄関、洗面所を同じ手順ですませ、最後にトイレを仕上げる。トータルで30分から40分。毎朝行うからひどいよごれはたまらないし、1回の掃除の時間は、そんなに長くなりません。

自宅での撮影となると、スタッフが大勢家に来ますし、家具や荷物の移動も多く、どうしても部屋は乱れがちになります。そして食べものを扱う仕事なので、空間を清潔に保つことは基本中の基本。私が「毎日掃除をする」と決めているのは、そんな理由からですが、掃除の頻度は、「1日置き」「土曜日の午前中」など、それぞれのご家庭の都合で、決めるといいと思います。ただし「よごれがたまる前に掃除すれば、きれいにするための労力は、半分以下になる」ということを、意識してもらえるといいなと思います。

掃除は、自分なりにルール化して、ルーティーンにしてしまうこと、つまり「考えなくても、身体が動く」状態にしておくことが大事です。「さて、掃除を始めよう」と思ったときに、「今日はどの場所から始めよう？」「掃除機だけ？　それとも水ぶきもする？」などと、迷ったりすると、それだけで面倒な気分に。「この場所は、こういう掃除方法を毎回する」と決めておけば、習慣化させやすいし、「それがワンセット終わるまでが、ひと仕事」と、目標点がはっきりします。

そしてまた、香りが好きな洗剤や、見た目が好みの木のブラシなど、使っていて心地よく、楽しい掃除道具を選べば、掃除も楽しくなります。

私は特に洗剤に関しては、できるだけ化学合成されたものではなく、自然由来のものを選ぶようにしています。人体に影響が少なく、環境にもやさしいものを選べば、後始末もラク（強い洗剤は、何度も水ぶきしたり、洗い流さなくてはいけなかったりします）。そういう洗剤は価格が少し張りますが、毎日気持ちよく掃除するための、必要経費だと思うようにしています。それに、よごれがひどくなる前に掃除をしていれば、使う洗剤の量も減るので、こまめ掃除は経済的でもあるのです。

掃除の仕上げは、ひざをついてする「ふき掃除」

床掃除に関しては、引っ越し当初から試行錯誤しました。掃除機だけだとほこりが取りきれないし、電動のスチームモップなるものも買ってみたけれど、部屋の端にどうしてもよごれがたまってしまう。

いくつかの方法を試した結果、出た結論は、「やっぱりひざをついて、雑巾を使って手でふくのがいちばん」ということ。今ではひざを守るために購入したバレーボール用のサポーターをつけ（笑）、毎日せっせとふいています。

目線が低くなると、たとえば椅子の裏やテーブルの脚のつけ根など、立って掃除機をかけるだけでは見つからないような、知らず知らずにたまるほこりを見つけたりします。さらに毎日ふき掃除をしていると、「よごれがたまりがちなポイント」というのが経験的に分かってくるので、そこを逃さないように掃除することができるのです。

キッチン、お風呂まわり、リビングの壁掃除などはすべて、「エコベール」の「住まい用洗剤」と「超電水」の2本でまかなっています。

「エコベール」は植物とミネラルを原料に、洗浄力と安全性の高い、地球にやさしい洗剤を40年近く作り続けているベルギーのブランド。その住まい用洗剤は、しつこいよごれには原液、軽いよごれには水1ℓに対して小さじ1～2杯程度に希釈したもので、と使い分けられ、さわやかなレモンの香りが心地いい。私は希釈したものを「無印良品」のスプレーボトルに入れ替え、必要に応じて使っています。

「超電水」は水から生まれた電解アルカリイオン水のことで、原料が「水100％」だから、万が一、口の中に入っても大丈夫。それなのに油よごれに強く、除菌力も優秀ということで、子どものおもちゃまわりや、キッチンの棚の中など、洗剤をできるだけ使いたくない場所に、気兼ねなく使えるのです。

薬局やスーパーには用途に合わせて、とにかくいろんな種類の洗剤が売られていますが、私は基本的にこの2本。毎日掃除をしていれば、よごれがたまることもほとんどなく、この2本で十分こと足りるのです。

子どものおもちゃのそうじにもおすすめ。

住宅用洗剤として使っている「エコベール」の「住まい用洗剤」と「超電水」。よごれの度合いは洗剤ではなく、こするもの(雑巾、ブラシ、スポンジなど)を換えて対応します。

掃除機は長年使っている「ミーレ」。修理に出したとき、「新しい型に買い替えたほうがいい」とメーカーの方に言われたものの、デザインが気に入って使い続けている古い型のもの。

ドイツの「レデッカー」のはたきは、鳥の羽根とレザーのコンビで、とても丈夫。

オイル仕上げの家具は、きつくしぼった雑巾で、ほこりを落とすようにさっとふきます。

夜10分のキッチン掃除で大掃除いらず

一日のすべての作業が終わった夜、最後に必ずキッチンまわりをきれいに清めてから眠ります。朝の掃除と同じく、これも長年の習慣で、翌朝きれいに整った気持ちのいい台所から一日を始めるための、リセット作業といった感じです。具体的な掃除方法を説明しましょう。

まずはシンクの掃除。「亀の子たわし」を使って、隅から隅までをひと通りこすり、よごれを落とします。軽く力を入れて、ゴシゴシこすると、排水溝の凹凸などもきれいになります。それでも、だんだん茶渋のような黒っぽい染みが出てくるので、何日かに一度は、小さくカットしたメラミンスポンジでこすり、がんこなよごれを落とします。使ったたわしはしっかり水を切り、タオルなどの上に置き、干しておきます。

ちなみに「亀の子」は安くて気軽に手に入るし、水はけがいいところがお気に入りで、私は掃除以外にも、鍋やまな板を洗う用、里いもやごぼうなど野菜を洗う用、それに急須の注ぎ口や水筒など狭くて深い部分を洗う用……と、用途ごとに何種類かを使い分けています。

次に作業台をしっかり水ぶきし、その流れでコンロのまわりのよごれをふき、最後に換気扇までふき上げます。コンロのまわりは、がんこなこびりつきがある場合もあるので、古くなった食器用のスポンジを小さくカットしたものを取っておき、それでこすって、使い終わったら捨てます。

使った台ふきんは、「パックスナチュロン」の酸素系漂白剤を入れた水にひと晩つけ、漂白をします。容器は「野田琺瑯」の「ラウンドストッカー」を活用（138ページ参照）。翌朝しっかり水洗いし、干して乾かします。「毎日漂白？」と、面倒に思う人もいるかもしれませんが、習慣にしてしまえば、これもほんの1～2分のこと。よごれがちな台所用ふきんも、こうやって毎日きちんと洗うと、清潔に使い続けられます。

コンロや換気扇の油よごれは、「ためると、落とすのに時間がかかるよごれ」の代名詞。でもこちらも、毎日ほんの2～3分のふき掃除を習慣にさえしてしまえば、年末の大掃除が必要ないほどきれいな状態を保てます。

引っ越しして最初の年は、それでも換気扇は、「素人には見えないよごれがたまっているかも」と思い、プロの清掃業者の方に掃除をお願いしてみたのですが、「とてもきれいなので、特に掃除をする必要がない」と、お墨つきをいただいてしまいました。以来、換気扇まわりは、毎日の掃除だけで十分としています。

冷蔵庫の掃除は昼間の時間帯に、気づいたらそのつど行います。ご存知の通り、冷蔵庫は、知らず知らずのうちに、結構よごれがたまる場所。2日に一度くらいの頻度で、全体をざっとふくようにしています。毎週火曜日に食材の宅配が届き、その前の在庫が少ない月曜日は、きれいにするチャンスなので、特に念入りに。雑菌が発生しやすい場所でもあるので、私は「超電水」を吹きつけ、乾ぶきでふき上げます。なお、におい消しには、ドリップコーヒーを淹れたあとに残る、コーヒーがらをコップに入れて、活用しています。

雑誌の撮影などで、炒めものや揚げものなどを多く料理した日は、「超電水」を片手に換気扇掃除をします。

左がハンドソープ。
右が洗剤。

台所のハンドソープは、無香料で殺菌力の強いものを。スポンジやたわしも、水切りをしっかりと行います。

ガス台の掃除は、毎日五徳を外し、水洗いも。小さく切ったスポンジを活用して細かなよごれも落とします。

冷蔵庫の掃除にも、「超電水」を活用。きれいにしながら除菌もできるし、こびりつきも一発で落ちます。

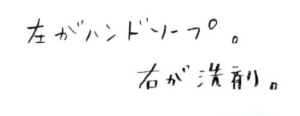

「ふきん」をいつも清潔に保つコツ

わが家の台所では、ふたつの頼れる「ふきん」が活躍しています。

ひとつは、食器ふきに活用している「びわこふきん」。綿の繊維を傷めずそのまま糸にした「ガラ紡」と呼ばれる糸を粗めに織り上げたもので、繊維が毛羽立たず、水分や油分をしっかりふき取れるのです。料理の撮影によっては、お皿を何十枚と使うので、次から次へとふきんが必要になります。そこでこのふきんを、常時20枚ほど用意しておき、月に2~3枚は新しいものを下ろすようにしています。湯洗いだけでもよごれを落としてくれるので、漆やガラス製品などは、スポンジ代わりに、びわこふきんで洗っています。

ふたつ目は、いわゆる台ふきんに使っている「東屋《あづまや》」の「ふきん」。古くから奈良で生産されていた蚊帳《かや》生地を使ったふきんで、目の粗い平織りの生地を8枚重ねにして仕上げています。水やよごれを素早く吸い取ってくれるのですが、よごれが落ちやすいという特性もあります。生地がしっかりしているので、漂白しても繊維が弱まったりしません。

それぞれ使い終わったものを、別の容器で毎晩漂白し、翌朝水洗いして干しておきます。どちらも乾きが早いのが、ありがたい。

そして古くなってきたものから順番に、部屋まわりの雑巾に下ろしていきます。もともと質感が好きなふきんなので、雑巾になっても、何となく愛着がわきます。わりと早いサイクルで取り替えていくので、きたない雑巾をずっと使い続けるストレスもありません。最後は玄関まわり、ベランダまわりの掃除に使って、役割を全うさせて捨てるようにしています。

なお、雑巾は、除菌力の強い洗剤にしばらくつけたあと、毎日の入浴時にしっかり手洗いして、夜のうちに干して乾燥させるように。こうしておけば、いやなにおいがこびりつくこともありません。

掃除道具も、美しくていねいに収納

細かな掃除道具類は、主に洗面所の下にある棚の中に収めています。昔、ケータリング用に買った「イケア」のスタッキングできる収納箱が3つあり、そのひとつにふきんやスポンジのストック、ふたつ目に酸素系漂白剤やクエン酸、重曹などの粉類、3つ目には生理用品などを入れて、重ねてしまっています。

水アカなどを落とすのに便利なメラミンスポンジは、小さくカットして、高さがあるガラス製の花器に。こうしておくといつでも気軽に取り出せるし、見た目も美しい収納法で気に入っています。

ふき掃除用の雑巾類は、ふた付きの大きめなガラスジャーの中に。もともとは、質感が好きな「びわこふきん」や蚊帳ふきんだし、毎回きれいに洗濯をして乾かしているので、あまり雑巾っぽくない感じで収納しておけます。

もともと植木鉢カバーに使っていたブリキ製の間口が広いバケツには、小ぼうき、ちりとり、住宅用洗剤など、こまごまとした掃除道具類を。使い終わった歯ブラシなども、お風呂や洗面所の掃除に活躍するので、きれいに洗って乾かし、取っておきます。

なお、台所まわりのスペシャルな掃除道具類は、アフリカ製のかごにざっくりしまい、オープン棚のいちばん上に置いて、いつでもさっと取り出せるようにしています。この中に入っているのは、「ビタクラフトジャパン」から発売されている、ステンレス・銅製品用のクレンザーや、ヨーグルトの瓶に入れた重曹（鍋の焦げ落としに）とクエン酸（麦茶ポットの茶渋を取るときなどに）、小さくカットした使い古しのスポンジ、シュロぶらし（シンクの端を徹底的に掃除するときに）など。

どの掃除道具も、好きな台所道具や雑貨類をしまうように、ていねいに収納することを心掛けています。すると、不思議と掃除をするのも楽しくなるような気がします。

ふきん類は「ラウンドストッカー」で、雑巾類はお風呂にあるたらいで、それぞれ毎日つけおきして漂白を。

料理中、使い終わったふきん類は、いったんこの陶器の中にためておいて、のちほど洗濯機のところへ持っていきます。

使ううちにどんどんやわらかく。

ざるにのったほうが食器ふき用「びわこふきん」、上が台ふきん用の東屋の「ふきん」。いつでも清潔な状態に。

台所まわりのスペシャルケアグッズたち。このアフリカのかごは間口が広いので、取り出しやすいです。

「イケア」のケースを3つ重ねて、掃除用品などを収納。消耗品は切らさぬようまとめ買いしておきます。

左がメラミンスポンジ、右が雑巾。緑の布はマイクロファイバーのクロスで、手垢取りに重宝します。

使い終ったハブラシもここに。

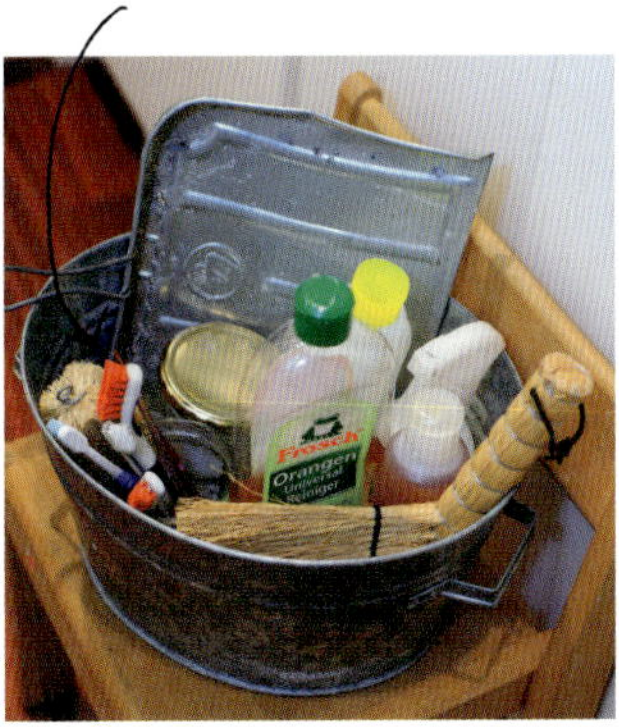

このブリキのバケツは、玄関に置いてスリッパ入れだったことも。見た目よく収納するよう心掛けて。

5章

日々をうるおす、小さな楽しみ

使い込むほど愛おしい、手仕事の生活道具が好き

冷蔵庫に入れない玉ねぎやじゃがいもといった野菜用の竹かごや、まな板、木の茶筒、作家ものの器類などなど。私のキッチンには、手仕事の生活道具が多いです。若いころからなぜか、こういった道具類に惹かれてきました。これらは機能面というよりは、どちらかというと、心のうるおいとしての役割が強いものたちです。

たとえば、プラスチック製品は、買った当初がいちばん美しい状態で、そこからは残念ながら、劣化していくばかり。けれども自然素材の道具たちは、使ううちに味わいが増し、自分らしく育てていく楽しみがあります。竹のかごはつやが増し、色味も少しずつ深まっていきますし、粉引《こひき》の器などは、表情が年々変化していきます。保存食と似ていて、「時間が経つほど、どんどんうま味が増す」といった感じ。そういうものたちは、温かく、人の手を感じさせてくれて、心が落ち着きま

す。そのぶん、選ぶものは基本的にシンプルで、作り手の主張が強すぎない、伝統的なデザインを選んで、バランスを取っていることが多いかもしれません。

こういうものたちは、ほとんどが個人の作り手によるものだから、生産数も少ない。探そうと思って探せるものではなかったりして、ほとんどが「出会いもの」。さらには今すぐ使う必需品というわけでもないので、そこは妥協せず、好きなものをじっくり探し続けて、ひとつひとつ大切に選んできました。

いろんなものをたくさん見て、ピンときたものを選び、長く使い続ける。そのくり返しの中で、「私らしいキッチン」が、少しずつでき上がってきたように思います。そこには「理由は分からないけど、なぜか好き」という偏愛アイテムも入っていたりします。急ぐ必要は一切なくて、それをゆっくり選んでつくり上げていくことが、暮らしの楽しみであると思います。

いろんなものに目移りしてしまって、あるときは北欧風が素敵に思えるのに、次の日はアジアンテイスト、その次にはイタリアのモダンデザイン……という風に、「自分らしさ」をどこに焦点を当てていいのか分からない、という悩みを聞くこともあります。

むずかしいのですが、そういうときは、何かひとつ、大きなかごでもいいし、ポットでもいいし、鍋でもいい……心から好きだと思える、自分のキッチンを象徴するようなひとつのアイテムを見つけて、新しく選ぶ道具が、その隣に並んでしっくりくるかどうかということを、ひとつの基準にしてみるのも手だと思います。最愛のアイテムと寄り添えるようだったら、その子は仲間に入れても大丈夫。そのあたりの感覚は少し、洋服選びと似ているかもしれません。

私の場合、「買うか、買わないか」の基準は明快です。「これを、あそこの場所に置きたいな」とか「この器に、こんな料理を盛りたい」といった、使う具体的なシチュエーションがひらめくものは、買う。ひらめかないものは、保留にします。ときめくものは世の中にたくさんあるけれど、家に連れて帰ってくる子は、吟味して選ばれてきたものだから、とことん使い込んで、かわいがろうと思います。

山桜材のキャニスターは、かなり以前に購入したもの。コーヒー豆と緑茶を入れています。

塩入れに使っているふたものは、陶芸家の安齋新・厚子さん、市川孝さんの作品。

料理のモチベーションを上げるもの

料理は毎日作り続けるものですから、ときどき、どうしても煮詰まってしまうことがあります。そんなとき、目にするだけで「よし、私もおいしい料理を作らねば！」と、やる気を起こさせてくれるものって大事です。私の場合それは、祖母の残してくれた「料理カード」と、何冊かの本です。

私が料理の仕事を始めてしばらくしてから、実家の母が「そういえば、こんなものがあるから、持っておく？」と、譲ってくれたのが祖母の「料理カード」です。これが書かれたのは、40～50年前のことでしょう。1枚1枚に思い出があるようで、家族のために料理を作り続けることの豊かさを感じさせてくれます。

エッセイストの平松洋子さんが聞き書きをされた『旬の味、だしの味』（新潮社）は、思わず背筋が伸びる本。洋書類は、大胆な色使いや写真の撮り方で、料理がとても力強く見え、眺めているだけでお腹がすく、大好きな本たちです。

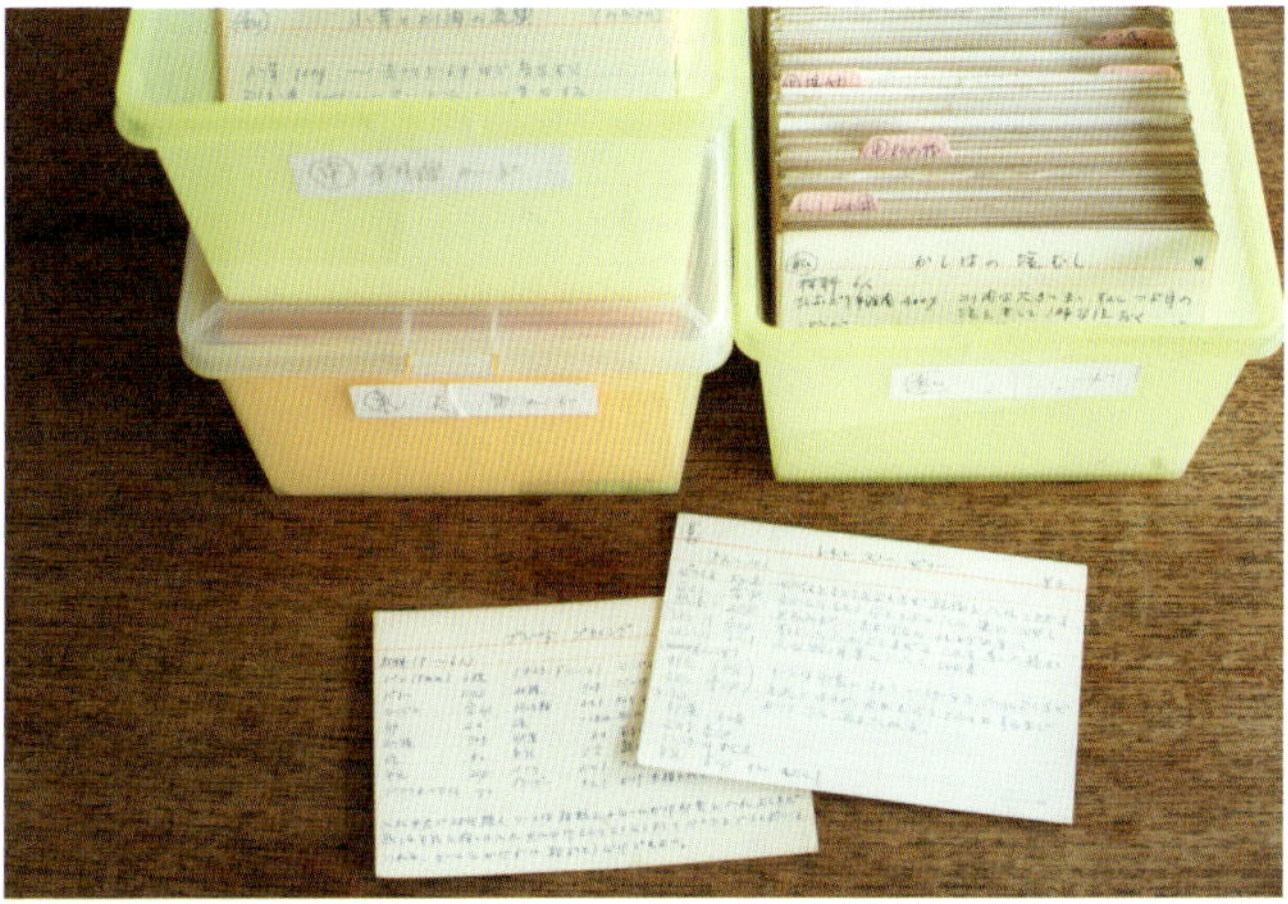

料理カードは「和・洋・中華・お菓子」などに分類されていて、３つのケースにぎっしり収められています。「芝えびとセロリの炒めもの」「きんかんの梅酒煮」といった、洒落た料理も多くて驚きます。母が子どものときによく食べた、思い出の味もたくさんあるそう。

『旬の味、だしの味』は、虎ノ門にあった和食店「つる壽《じゅ》」のご主人のお話を、平松さんが聞き書きしたもの。『CANAL HOUSE COOKING』や『TARTINE BREAD』は海外に行ったときに買ってきたもので、それぞれ初心に戻り、料理のやる気を起こさせてくれます。

持ち寄り会は、いつもの料理をちょこっとアレンジ

時間も場所も気兼ねなくくつろげるという理由から、子どもが生まれてから、外食するよりも、誰かの家に集まって、「一品持ち寄り」という機会が増えました。それぞれの家庭の味をおすそ分けしてもらえるのはワクワクするし、「これはどんな風に作るの？」と、情報交換ができたりするのも楽しいものです。

持ち寄りごはん会というと、「ご馳走を作らねば」と気負ってしまうかもしれませんが、慣れないものをいきなり作るのは、失敗しそうで心配だし、お呼ばれ当日にあわただしい気持ちになってしまいます。

それよりも、ふだん作り慣れている定番おかずに、香りのいいハーブを加えてみたり、食感がよくなるナッツを加えてみたりと、「いつもの料理に、ちょっとだけアレンジ」が、安心でおすすめです。

ふだんはさっぱりと酢と塩・こしょう、太白ごま油だけで仕上げる「なすのマリ

ネ」に、ちょっとだけクミンを入れて、オリーブオイルで洋風にしてみるとか、みりんとしょうゆで味付けする「きんぴらごぼう」を、バルサミコ酢としょうゆを合わせたもので炒めてみたり。おなじみ「ハンバーグ」の種に、甘栗やドライトマトなど、見た目も味も、アクセントになるものを入れて、ミートローフ風に、大きく長方形で焼いてみるのもおいしそう。いつもは白いごはんで食べているおかずを、少しだけアレンジするだけで、ぐっとパーティっぽいメニューになったりします。

もうひとつのおすすめが、果実酒やコンポート。果実酒はくだものに保存料の効果のある砂糖（氷砂糖、はちみつ、きび砂糖など）を加え、酒類（焼酎やブランデー、ホワイトリカーなど）に漬け込んだもの。漬けてから、だいたい2週間から1～2か月後が飲みごろになります。

作る作業はあっという間ですが、見た目も華やかだし、時間がおいしくしてくれたものなので、持っていくと、喜ばれることが多いです。私は友人家族とのキャンプ旅行には必ず持っていくようにしているのですが、水や炭酸水で割れば、量がたくさん飲めるのもうれしい。大人数で集まる、持ち寄り会ならではの一品だと思います。

コンポートは、くだものを砂糖と一緒に、水やワインなどで煮たもの。こちらも短時間でできるうえ、作り方もとてもカンタン。りんごを丸ごとそのまま持っていくのは普通ですが、それをさっと煮ただけで、ぐっと「ご馳走感」が高まります。一緒にサワークリームや生クリームを持っていって、その場で器に盛り、クリームを添えれば、それだけで立派なデザートに。季節感が出るのも、いいものです。

持ち寄り会は、気負わず、楽しく。ちょっとの工夫と、時間をかけることが、日常の中の小さな贅沢になると思います。

12月は〝こまめに、少しずつ〟お正月の準備を

毎日ゆとりを持って暮らしたいと思いつつも、どうしてもあわただしくすごさざるをえないのが「師走」。仕事も家事も大詰め、忘年会やクリスマス会などの行事も多くて、まさに文字通り、駆け抜けるようにすぎていってしまいます。それでも年の初めは、家族みんなでゆったりと、清々しくすごしたいので、お正月の準備は、こまめに少しずつすすめていきます。

10月の中旬、栗の季節がやって来たら、毎年作る「栗の渋皮煮」や「栗ごはん」とともに、おせちに入れる「栗の甘露煮」を作っておきます。こちらは砂糖が保存料になるので、冷蔵庫に入れておけば、年始まで十分日持ちします。

12月に入ったら、息子のためにクリスマスツリーを出し、おせちの食材を少しずつ買っておくようにします。というのも、同じ食材でも中旬になると、お値段がぐ

っと跳ね上がってしまうので、日持ちがする昆布や黒豆など乾物類は、月頭には揃えておくようにしています。お年玉のポチ袋は、それ専用のものはふだんから使いませんが、「足りないな」と思ったら、この時期に買い足しを。

12月の中旬には、おせちの箸休めになる「ゆずみつ」（ゆずをせん切りにして、はちみつで煮たもの）や「金柑の甘露煮」に取りかかります。お煮しめ用の里いもや、たけのこなど、日持ちのする野菜類も、この時期に見つくろっておきます。

クリスマス用のチキンの手配や、お酒類などもできれば少し早めに。1週間前には、クリスマス用の花も買いに行きます。ふだん家にある植物といえば、ベランダの観葉植物ばかりなので、花を生けると、ぐっと年末らしい雰囲気になります。といっても、私の好みは、綿花や葉ボタンといった、シンプルな枝ものが中心ですが。お年賀のお菓子には、毎年、岐阜の「すや」の「栗蒸し羊羹」を取り寄せていますが、その手配もこのころに。年末になると銀行が混むので、この時期にお年玉用の新札の準備もしておきます。私の仕事も、できれば20日あたりまでに納めるように、スケジュールを調整しておきます。

クリスマスが終わった26日あたりから、いよいよ年の瀬。折敷《おしき》や重箱などお正月の道具類を取り出してふいておいたり、大掃除を少しずつ始めていきます。とはいえ、ふだん掃除をこまめにしているので、いつもの掃除を念入りにする程度。「今日はリビングを徹底的に」「今日は寝室を」という風に、すすめていきます。

おせち料理に取りかかるのは、30日。家族3人が食べる量なので、ほとんど1日で一気に仕上げます。黒豆、錦糸卵、きんとん、お煮しめ、ごまめ、なます、昆布巻き、昆布締め、たたきごぼう、焼き豚や焼きえびなど、12〜13種類。「ほたてのマリネ」のような、ちょっと洋風な味付けの料理も作るようにしています。

おせち料理は、やっぱり実家の母や義母が作るもののほうが、どうしてもおいしい。私はまだほんの数年だけれど、彼女たちはやはり何十年も作り続けているから、その差が出るのだと思います。いつか、その味に近づけるように、訓練のひとつとしても、毎年欠かさず作り続けていかなければ……と、思っています。

おせちが仕上がれば、お酒の準備などをして、あとは新しい年を迎えるのを待つばかり。こんな風に、12月は特に、私の「毎日、こまめに、少しずつ」が象徴的に表れる月でもあるのです。

越前塗のお重は、結婚と同時に購入したもので、お正月以外にも気軽に使えるデザイン。陶器のお重は、品のいい色味や絵付け具合が気に入っています。

健やかな毎日のために「飲む」

特に健康法というものをしていませんが、「身体にいいものを飲むこと」が、唯一のそれらしいことかもしれません。

朝に飲むジュースのよさは、体調が悪いときや時間がないときも、気軽に栄養補給できること。体力はあるほうですが、それでも年に数回は疲れがたまって、食欲がなくなることがあります。そんな日は、飲みもので栄養を補給して、胃腸を休めつつ、あとはひたすら睡眠。それが私の回復法です。ジュースにすると、飲んでから30分から1時間ほどで、栄養分が血中に吸収されるそうです。「すみやかに効く」感じも、ありがたいのです。

ジュースには、野菜やくだものだけでなく、フラックスシードオイルやアボカドオイルなどを数滴たらすことも。これらのオイルは、コレステロール値を下げ、動脈硬化や高血圧の予防にもなる、「オメガ3脂肪酸」が豊富に含まれているといわれています。

ジュース以外に毎朝飲んでいるのは、和歌山「月向《げっこう》農園」の「梅肉エキス」。これは梅の実をすりおろし、しぼり出した汁をじっくり煮詰めたもの。梅の有効成分やミネラル分が濃縮されていて、ものすご〜くすっぱい。はちみつを加え、お湯に溶いたものを毎日飲んでいるのですが、そのおかげか、風邪をひきにくくなったと思います。

パック入りの「有機 フジワラの青汁」は、まとめ買いをして、冷凍庫に保存を。こちらは晩に飲むことが多いのですが、飲んでいると肌の調子がよくなります。炊飯器で作る甘酒は、料理に使うことが多いのですが、小腹がすいたときに飲むと、ぐっと元気が出ます。

食べて飲む健康法は、おいしくないと続かないというのが、私の持論。そういう意味で、サプリメントは好きではないし、飲みたいと思いません。そして食べものよりも、気軽な飲みもののほうが、続きやすいと思うのです。

体調をくずしてからあれこれと対処をするのではなく、ふだんからちょっとずつ「身体にいいもの」をとっておくことが、私の健康の秘訣といえそうです。

お茶の時間が心をほぐす

子どもを学校に送り出し、朝の家事がひと段落したとき。自宅での撮影が始まる前の、集合時間の数十分前。昼間の仕事が終わって、晩ごはんのしたくに取りかかる前。時間にしたらほんの10分程度ですが、一日のうちに何度か、お茶を飲んで、心を落ち着かせる時間を持ちます。

ちょっと座って、おいしいお茶を飲んで、おみやげにいただいた甘いものを少々つまんで……。いちばんリラックスする瞬間で、頭も身体もリセットする効果があります。私は家が働く場所でもあるので、気をはりすぎていると、仕事や家事を、際限なく続けてしまうのですが、このお茶の時間があることで「小さな区切り」にもなり、暮らしにいいリズムが生まれます。

お客さまがいらしたときも、お茶は「おもてなしの第一歩」。大したことはできなくても、ゆっくりていねいに淹れたお茶があれば、人との関わりも、何だかなめらかになるような気がします。

わが家にある湯飲みは、どちらかというと、小ぶりなサイズが多いかもしれません。それは、適度な温度のうちに飲みきれる量にしたいから。そのぶん、ちょこちょこと細かにお茶を注ぐことになりますが、それもまた楽しい。わが家で仕事の長い打ち合わせをするときは、1杯目は煎茶、次に棒茶、その後は趣向を変えてハーブティーや台湾茶……という風に、いろんなお茶を出したりします。

煎茶は「うおがし銘茶」のものが好きで、わが家では定期的に購入し、オープン棚に置いている山桜材のキャニスターの中に入れています。金沢の「丸八製茶場」の「献上加賀棒茶」も、よく購入する茶葉のひとつ。わが家はとにかくお客さまが多いので、常時5~6種類の茶葉をストックしています。けれどお茶は、香りが命。少量をこまめに購入して、早めに使い切る、というのがいいと思います。

アボカドオイルやフラックスシードオイルは、インポートのものしかなく、日本で買うと価格が高めなので、海外に行ったときに買ってきたりもします。

甘酒は月に1～2度ほど手作りし、冷蔵庫に保存しておきます。「月向農園」の「梅肉エキス」は、知り合いの編集者の方に教えていただいたもので、通販で取り寄せています。

お茶時間のお供である急須も、作家ものが多く、
使い込むうちに味わいが出てきます。

季節の台所カレンダー

季節の台所仕事は、ふだんの食事のための料理とは違った楽しみがあります。「今年も○○の季節がやって来たな」という喜びは、暮らしの中の小さな贅沢。私の一年は、こんな風にすぎていきます。

1・2月

冬はかんきつ類の季節。ゆずで「ゆず茶」を作ったり、シロップにしたり。「金柑のはちみつ煮」は毎年の定番で、ビタミンCたっぷりなので、風邪予防にも。このはちみつ煮は、みりんやしょうゆと一緒に豚スペアリブを煮込むと、おもてなし料理にもなります。

3・4月

春といえば、やっぱりいちご。ゴールデンウィーク前あたりになると、露地ものが登場するので、「いちごシロップ」や「いちごジャム」を作ります。シロップはヨーグルトと豆乳を混ぜてラッシー風に飲んだり、サラダのドレッシングの隠し味に。ジャムはフレンチトーストにのせて食べるのが、お気に入りです。

4月に入ると、たけのこも季節を迎えます。新鮮なものはさっとゆでて、やわらかい部分を塩とオリーブオイル、わさびとしょうゆなどを漬けて、お刺身風に食べるのが好き。固い部分は若竹煮や、たけのこごはんに使います。

5・6月

八百屋に香り高い実山椒が並ぶのは、毎年ほんの数週間。その時期を欠かさず狙って、「実山椒のしょうゆ漬け」や「ちりめん山椒」を作ります。やはりこの時期にたくさん出まわる新しょうがは、「甘酢漬け」にしておくと、肉・魚料理の箸休めに便利。梅仕事は、季節仕事の代名詞。「梅干し」「梅シロップ」「梅酒」の3つは、毎年必ず仕込みます。梅は少し多めに取り寄せて冷凍保存して、「シロップ」がなくなったら、追加で2回ほど作ります。冷凍することで、果肉の組織がくずれ、梅のエキスがよく出てくるのです。

7・8月

ここ数年、夏のお楽しみにしているのが、あんずのお取り寄せ。梅よりもさらに旬の時期が短いですが、「あんずジャム」や「あんず酒」を仕込んで、この季節ならではの酸味と甘味を味わっています。

太陽の光をたっぷり浴びた、完熟トマトが出まわるようになったら「トマトソース」を作って瓶詰めに。トマトのざく切りに、白ワインにスパイスやローリエ、セロリの葉、にんにくといった香味野菜を加えて、コトコト煮たもので、これで作った「スパゲッティ・ポモドーロ」は絶品です。

9・10月

秋のお取り寄せといえば、栗。栗は全国各地に名産地があるので、「今年はどこにしようかな?」と、考えるのも楽しみです。栗仕事は「皮をむくのが大変」と苦手意識を持つ人も多いですが、一度やり始めると、無心になれて、私は大好き。「渋皮煮」「栗ごはん」と楽しんで、お正月用の「栗の甘露煮」も仕込んでおきます。

11・12月

冬のくだものの王様・りんごはいただきものをする機会も多いので、新鮮でおいしいうちに「りんごジャム」や「りんご酒」「りんご酢」を作ります。ジャムは、シナモンやカルダモンなどのスパイスを効かせて煮ると、紅茶に入れてもおいしいし、小さな瓶詰めにすれば、お世話になった方々への、クリスマスのちょっとしたギフトとして重宝します。

栗の皮むきは、あらかじめ栗をしっかり水につけておくと、むきやすくなります。

暮らしが整ったときに食べる、ご褒美お菓子

話題のお菓子屋やパン屋を覗いてみたり、お取り寄せをしたりすることは結構好きですが、その中でもいくつか、自分にとって「ご褒美」となっているものがあります。

どの点が「ご褒美」なのか、説明するのがむずかしいのですが、高価だとか、手に入りにくいとか、そういう基準ではなく、「特別感」があるかどうか。もともと甘いものをたくさん食べたいタイプではないので、年にほんの数回ですが、口にすると確実に幸せをもたらしてくれるもの。そして何度かリピート買いしているもの。

ひとつ目が「ピエール・エルメ・パリ」の「サブレ オリーブ」。粗く刻んだ黒オリーブとオリーブオイルが焼き込まれているクッキーで、甘じょっぱい味わいはクセになります。ワインにも合う濃厚な味で、まさに「大人のためのクッキー」とい

う感じ。毎年初夏から発売されるものなので、都心に出たついでなどに買ってきます。

ふたつ目は「とらや」の「阿波の風」。阿波国（徳島県）の名産である、和三盆糖を使った羊羹です。「とらや」にはいろんな羊羹がありますが、いちばん好きなのがこちらで、甘さの加減がとても上品。疲れたときにひと口食べると、みるみるうちに心と身体が癒されていくおいしさです。「とらや」は素材をとことん吟味することでも有名ですが、その意味が分かる一品だと思います。

3つ目は「シニフィアン・シニフィエ」の「クグロフ・アブリコ」。こちらのお店のそばに、仕事でよく行く料理スタジオがあって、そこに行ったときには、必ず立ち寄ります。このクグロフは、栗粉を使った生地に、自家製のあんず煮を入れて焼き上げた発酵菓子。季節商品なので、フレーバーもそのときどきによって異なりますが、生地が本当にしっとりしていて、風味も豊か、びっくりするほど贅沢な味わいです。こちらもかなり、お酒に合うお菓子だと思っています。

これらのお菓子とはまたちょっと違いますが、季節のくだものを取り寄せることも、私にとってはご褒美のひとつです。無農薬で育てられた和歌山の南高梅《なんこうばい》。夏の光をたっぷり浴びた岡山の桃、ふっくらつやつやかに育った丹波の栗など、名物と呼ばれるくだものをその季節に一度、お取り寄せするのは、何ともいえない贅沢な気分です。「このおいしさを味わえるのは、この時季だけ」と思うと、とても貴重に思えますし、「今年もまた、このおいしさを味わえたなあ」と、季節の移り変わりを実感するのも、暮らしの中の喜びのひとつ。

元気がないときや落ち込んでいるとき、「自分で自分にご褒美をして、元気を出そう！」という考えもあると思いますが、私の場合、生活が荒れているようなときには、こういうご褒美は、逆にガマンします。

たまっている仕事を少しずつ片づけ、手がまわらなくなった家事を、ひとつひとつ順番にこなしていく。そんな風にちょっとずつ生活を立て直し、ふだんの暮らしが、自分なりにきちんと整えられたときに、初めてご褒美をする。きれいに片づけられた部屋、気持ちのいい空間があってこそ、ご褒美のおいしさも際立ちますし、心から「おいしい！」と、思えるからです。

右上から時計まわりに、「サブレ オリーブ」「阿波の風」「クグロフ・アブリコ」。
料理と同様、厳選した上質な素材を使ったものに惹かれます。

ある日のタイムスケジュール

今日の自分、明日の自分を少しずつラクにするために、時間のすごし方も私なりの工夫をするようになりました。あくまで無理をしないで、こまめに、少しずつ。

ふだんのある一日のすごし方を記してみます。

AM 4:30

起床。まずいちばんに水または白湯を飲んで、着替えて、顔を洗います。子どもが起きてくる前の、この静かな時間に集中して、原稿を書いたり、メールの返信をしたり、できる仕事をすませておきます。

AM 5:45

朝ごはんのしたくをスタート。と同時に、晩ごはんの仕込みも一緒にすませます。並行して、洗濯機をまわし始めます。

AM 6:20

6時すぎに息子が起きてきて、この時間から一緒にテレビを見ながらラジオ体操を。朝に手足をしっかり動かしておくと、頭も身体もすっきりします。

AM 6:30

家族一緒に朝ごはん。野菜ジュースを中心に、蒸し野菜やスープなど、簡単なメニューです。夫が夜遅くまで仕事をしていたときは、息子と2人でいただきます。食べ終わったら片づけをして、息子を学校へ送り出し、家の掃除を開始します。リビング、台所、和室から廊下、玄関にかけて、ハタキでほこりを落とし、掃除機をかけ、雑巾で水ぶきを。洗面所やトイレなどの水まわりまで、30〜40分かけて行います。

AM 8:00

掃除がひと段落したら、NHKの朝の連続ドラマを見ながら、お茶で一服。気分をリラックスさせつつ、その日一日のスケジュールを確認しながら、効率のいい動き方を考えます。

AM 8:30

脱水が終わった洗濯物を干します。自宅で撮影の仕事が入っていないときは、ふとんを干したり、窓のふき掃除をしたり、ふだんできない家事をここで集中的に行います。

AM 10:00

撮影の食材の買い出しへ。必要があれば、車を運転して、都内へ足を運ぶことも。カット数が多い撮影になると、用意しなければいけない食材も多いので、当日届けてくれる宅配サービスがあるお店などを、かしこく利用したりします。

PM 0:30

帰宅したら、昼食の準備。常備菜などを利用して、15分程度でできるものを。簡単な麺類ですますことも多いです。夕食の仕込みが朝の時間帯で間に合わなかった場合は、この時間に終わらせておきます。

PM 1:00

昼食の片づけを終えたあと、原稿書きなどパソコン仕事を集中して行います。ときにはパソコンを持ち出し、近所の喫茶店などで書きものをすることも。

PM 3:00

息子が小学校から帰宅。サッカーや水泳など習いごとの送り迎えを。

PM 5:00

息子が再び帰宅。息子をお風呂に入らせつつ、夕食のしたくを。朝や昼のうちに下準備をしてあるので、かかる時間は30〜40分程度。

PM 6:00

息子が眠る時間を逆算して、この時間くらいから晩ごはんがスタート。家族3人で食卓を囲みます。朝、昼が、わりとあわただしくすぎてしまうので、夕食は家族団らんを兼ねて、ゆっくり時間をかけていただきます。

PM 7:00

夕食の片づけ。食器類を洗い、コンロまわりや換気扇の掃除までを、この時間に終わらせます。ここで手を抜かないできれいにしておくと、翌朝の気分が違います。

PM 7:30

入浴。しっかり湯船につかりつつ、雑巾類の洗濯や、お風呂内の掃除もこのときに。

PM 9:30~10:00

息子が床に入るので、自分自身もこの時間には就寝。子どもができてから、この早寝・早起き生活が定番になりました。眠りにつく前に読書をするのが習慣で、そのときどきに気になる本を片手にふとんに入ります。ただし寝つきがいいので、いつも10ページ程度でまぶたは落ちてしまいます。

本書はＫＡＤＯＫＡＷＡより刊行された『毎日、こまめに、少しずつ。ためないキッチンと暮らし』を文庫化したものです。

ワタナベマキ

料理研究家。グラフィックデザイナーの傍ら「サルビア給食室」として行っていたケータリングやお弁当が評判となり、独立。素材の持ち味を生かした、野菜たっぷりの身体にやさしい料理が人気で、書籍、雑誌、ＴＶなどで幅広く活躍。ナチュラルでセンスあふれるライフスタイルにもファンが多い。著書に『整える、調える。』（ＫＡＤＯＫＡＷＡ）、『冷凍保存ですぐできる 絶品おかず』『重ねて火にかけるだけで 絶品おかず』（以上、家の光協会）、『そうざいサラダ』（主婦と生活社）、『わが家のおいしい常備菜』『食材３つで簡単ごちそう小鍋』（以上、宝島社）、『香草・ハーブレシピ』（産業編集センター）など多数。

知的生きかた文庫

毎日《まいにち》、こまめに、少《すこ》しずつ。

著　者　ワタナベマキ
発行者　押鐘太陽
発行所　株式会社三笠書房
〒一〇二―〇〇七二　東京都千代田区飯田橋三―三―一
電話〇三―五二二六―五七三四〈営業部〉
　　〇三―五二二六―五七三一〈編集部〉
http://www.mikasashobo.co.jp
印刷　誠宏印刷
製本　若林製本工場

ISBN978-4-8379-8528-0 C0130

C30104